Migel de Unamuno
KAKO SE PRAVI ROMAN

I0687023

Kolekcija
PEČAT

Urednik
JOVICA AĆIN

CIP – Каталогизација у публикацији
Народна библиотека Србије, Београд

821.134.2–4

УНАМУНО, Мигел де
    Kako se pravi roman / Migel de Unamuno ; prevela Aleksandra
Mančić. – Beograd : Rad, 2006 (Lazarevac : Elvod-print). – 101 str. ; 21
cm. – (Kolekcija Pečat)

Prevod dela: Cómo se hace una novela / Miguel de Unamuno. – Tiraž 500.
– Str. 97–101: O Unamunovoj knjizi Kako se pravi roman i njenom pre-
vođenju / Aleksandra Mančić.

ISBN 86-09-00909-2

COBISS.SR-ID 127751692

MIGEL DE UNAMUNO

KAKO SE
PRAVI ROMAN

Prevela
ALEKSANDRA MANČIĆ

RAD

Izvornik

Miguel de Unamuno
Cómo se hace una novela, 1927

KAKO SE PRAVI ROMAN

Mihi quaestio factus sum

A. Augustini Confessiones
(Lib. x, c. 33, n. 50.)

PROLOG

.

Dok pišem ove redove, krajem meseca maja 1927, blizu svoje šezdeset i treće i ovde, u Endaji, na samoj granici, u mojoj rodnoj baskijskoj zemlji, s tantalskim pogledom na Fuenterabiju, ne mogu bez jeze da se setim utučenosti onih paklenih jutara moje samoće u Parizu, u zimu, od leta 1925, kada sam u svojoj sobici u pansionu u broju 2 u *rue Laperouse* izgarao žderući se dok sam pisao pripovest koju sam naslovio *Kako se pravi roman*. Ne nameravam da ponovo prođem kroz neko tragičnije lično iskustvo. U život su me vraćali kako bi me mučili slatkom mukom – o „slatkom bolu" govorila je sveta Tereza – očajnička proizvodnja, proizvodnja koja nastoji da nas spase kroz delo, svi oni časovi koji su mi podarili *Tragično osećanje života*. Na mene se bio spustio teret celog mog života, koji beše i jeste moja smrt. Na mene se bio spustio teret ne samo mojih šezdeset godina individualnog telesnog života, nego i više, mnogo više od toga; na mene se bio spustio teret vekova jedne neme tradicije, skupljenih u najdubljem kutku moje duše; na mene se bio spustio teret neizrecivih nesvesnih uspomena s onu stranu kolevke. Jer naša se beznadežna nada u lični život s onu stranu groba pothranjuje i raste od nejasnog sećanja na našu ukorenjenost u večnosti istorije.

Kakva samo behu jutra moje pariske samoće! Pošto bih, po običaju, pročitao neku glavu iz Novog zaveta, onu na koju bi došao red, stao bih da čekam, i ne samo da čekam, nego i da se nadam pismima od kuće i iz otadžbine.

Kada sam ispisao, prilično na brzinu i grozničavo, listove o tome *Kako se pravi roman*, pročitao sam ih Venturi Garsiji Kalderonu, Peruancu, najpre, i Žanu Kasuu, Francuzu – toliko Špancu koliko i Francuzu – potom, te ih dadoh ovome potonjem da ih prevede na francuski i da se objave u nekom francuskom časopisu. Nisam želeo da se najpre pojavi izvorni španski tekst iz više razloga. Te tako i bi, i čim je Kasu moj rad preveo, on je objavljen pod naslovom *Comment on fait un roman*, ispred čega je stajao *Portrait d'Unamuno* samoga Kasua, u broju od 15. maja 1926 (No. 670, 37e année, tome CLXXXVIII) starog časopisa *Mercure de France*. Kada se taj prevod pojavio, ja sam se već nalazio ovde, u Endaji, gde sam stigao krajem avgusta 1925. i gde sam i ostao imajući u vidu napor koji je španska pretorijanska tiranija uložila u to da me vlada Republike Francuske udalji od granice, radi čega mi je stigao u posetu, u ime g. Panlevea, tadašnjeg predsednika francuskog Kabineta, prefekt Donjih Pirineja, koji je samo zbog toga došao iz Poa, ne uspevši, naravno, da me ubedi da se moram udaljiti odavde.

Kada sam napustio Pariz, Kasu je prevodio moj rad, a kada ga je preveo i poslao u *Merkir*, ja mu nisam tražio nazad svoj original, svoje prvobitne, perom ispisane listove – nikada ne koristim pisaću mašinu – koji ostadoše kod njega. I sada, kada sam se konačno rešio da ga objavim na svom rođenom jeziku, jedinom na kojem umem da razmrsim svoju misao, ne želim da mi se vrati izvorni tekst. Ne znam kako bih sada gledao na te proročanske listove koje sam ispunio u sobičku svoje samoće nad samoćama u Parizu. Radije ću iznova prevesti Kasuov francuski prevod, i to je ono što sada nameravam da uradim. Nego, da li je ostvarljivo da autor iznova prevede prevod svog spisa sačinjen na drugom jeziku? To je iskustvo, više nego iskustvo vaskrsnuća, iskustvo smrti, ili možda ponovnog umiranja. Ili bolje, dokrajčenja.

Ono što se u književnosti zove proizvodnjom jeste trošenje, ili tačnije: izgaranje. Onaj ko u pismo stavlja svoje misli, svoje snove, svoja osećanja, taj ih sažiže, ubija ih. Čim neka naša misao ostane nepomerljiva u pismu, izražena, kristalizovana, ona je već mrtva, i nije naša ništa više nego što će jednoga dana naš ostati kostur pod zemljom. Istorija, ono jedino što je živo, jeste večna sadašnjost, neuhvatljivi trenutak koji prolazeći ostaje, koji ostajući prolazi, i književnost nije ništa drugo do smrt. Smrt iz koje drugi mogu uzeti život. Jer onaj ko čita neki roman može da ga živi, da ga proživljava – a kad neko kaže roman, taj kaže povest – i onaj ko čita pesmu, koja je ostvarenje – pesma je ostvarenje a poezija stvaranje – može iznova da ga stvori. Među njima i sam autor. A zar autor uvek, iznova čitajući neko svoje prošlo delo, ponovo pronalazi večnost onog prošlog trenutka koji sadašnjost čini večnom? Zar ti se nikada nije desilo, čitaoče, da se zamisliš videvši neki svoj portret, tebe samoga, od pre dvadeset ili trideset godina? Večna sadašnjost je tragična tajna, tajanstvena tragedija našeg istorijskog ili duhovnog života. I eto zašto je tragično mučenje kada želimo da iznova stvorimo nešto što je već stvoreno, što je rastvoreno. A u to ulazi i prevođenje samoga sebe. Međutim...

Da, potrebno mi je kako bih živeo, kako bih ponovo doživeo, kako bih se dohvatio one prošlosti koja je cela moja buduća sadašnjost, potrebno mi je da sam sebe iznova prevedem. I ponovo ću se prevesti. Ali pošto ću, dok to budem činio, morati da živim i svoju današnju povest, svoju povest od dana kada sam predao svoje listove Žanu Kasuu, neće mi biti moguće da ostanem veran trenutku koji je prošao. Dakle, tekst koji ću ovde dati u ponečem će se razilaziti sa onime koji se, preveden na francuski, pojavio u broju od 15. maja 1926. godine u *Merkir de Frans*. Niti koga treba da zanimaju razlike. Osim možda nekog budućeg eruditu.

Pošto je u *Merkir de Fransu* ispred mog rada objavljena i neka vrsta Kasuovog prologa pod naslovom *Portrait d'Unamuno*, prevešću i njega, a zatim ga ukratko prokomentarisati.

UNAMUNOV PORTRET,
OD ŽANA KASUA

Sveti Avgustin se s nekakvom frenetičnom teskobom trudi da doumi šta je moglo biti pre nego što se njegova svest probudila. Zatim se čudi smrti jednog prijatelja koji je bio drugi on sam. Čini mi se da Migel de Unamuno, koji se zadržava na svakoj tački svoje lektire, nikada nije naveo ova dva odlomka. U njima bi, međutim, ponovo našao samog sebe. Ima svetog Avgustina u njemu, i Žan-Žaka, svih onih koji su se udubili u posmatranje sopstvenog čuda, te ne mogu podneti da ne budu večni.

Gordosti da se čovek ograniči, da sabere u intimnost sopstvenog postojanja celo stvaranje, protivreče ove dve nedokučive i nerazmrsive tajne: rođenje i smrt, koje delimo sa ostalim živim bićima, po čemu nam je sudbina zajednička. Ta jedinstvena drama jedina je koju je istraživalo u svakom smislu, u svim pravcima i svim tonovima, delo Unamunovo.

Njegove vrline i njegove mane, njegova prinudna samoća, i neophodan tvrdičluk potpuno vezan za grudu – za rodnu grudu baskijsku – zavist, kći onoga Kaina čija se senka, po jednoj Maćadovoj pesmi, širi nad kastiljanskim očajem i pustinjom; izvesna strast koju neki nazivaju ljubavlju, a koja je, za njega, užasna potreba da množi ono telo za koje nas uveravaju da mora uskrsnuti sudnjega dana – što je uteha izvesnija od one koju nam donosi ideja o besmrtnosti duha – ukratko, čitav jedan svet koji uvlači u sebe, potpuno njegov, s glavnim vrlinama i gresima koji nisu baš sasvim oni koje navodi pravoverna teologija..., treba u to da prodremo: to je ta ljudskost koju on ispoveda, koju ne prestaje da ispoveda, da priziva i da širi, misleći da joj tako daruje egzistenciju koja se ne pokorava običnom zakonu, da od nje napravi kreaciju, u kojoj ne samo što se ništa ne bi izgubilo, nego bi njen sklop ostao večan, po supstanci i po formi, kao božansko uređenje, oboženje, apoteoza.

Kroz tu neprestanu analizu i sublimaciju sebe, Migel de Unamuno svedoči o sopstvenoj večnosti: on je večan, kao što je i sve u njemu večno, kao što su to i deca njegovog duha, kao onaj lik iz *Magle* koji dolazi da mu saspe u lice onaj divlji krik: „Don Migele, ja ne želim da umrem!“, kao Don Kihote življi nego jadni leš po imenu Servantes, kao Španija, ne Španija vladara, nego ona koja je njegova, Don Migelova, ona koju sa sobom nosi u izgnanstvu, koju svakodnevno stvara, kojoj, u svakom od svojih spisa, on stvara jezik i misao, za koju, konačno, može reći da je njegova kći, a ne njegova majka.

Šekspiru, Paskalu, Ničeu, svima onima koji su pokušali da zadrže u svojoj ličnoj tragičnoj avanturi nešto od te ljudskosti koja vrtoglavo izmiče, Migel de Unamuno pridružuje svoje iskustvo i svoj napor. Njegovo delo ne bledi pored ovih plemenitih imena: ono označava istu očajničku žeđ.

On ne može da prihvati sudbinu Polonija, da ga Hamlet, vukući njegov dronjak koji je uhvatio ispod miški, izbaci sa scene: „Ma hajdete, gospodine!“ On se buni. Njegova pobuna diže se do Boga, i to ne do onog priviđenja koje su od aleksandrijskih apstrakcija sklepali metafizičari pijani od logomahije, nego do španskog Boga, do Hrista sa staklenim očima, s prirodnom kosom, sa uzglobljenim telom, napravljenog od zemlje i drveta, obojenog, krvavog, odevenog, kome vezena suknja skriva ud, koji je živeo među bliskim stvarima, i koji se, kako reče sveta Tereza, može naći čak i u kazanu. Takva je agonija don Migela de Unamuna, čoveka u borbi, u borbi sa samim sobom, sa svojim narodom i protiv svoga naroda, čoveka neprijateljskog, čoveka građanskog rata, tribuna bez pristalica, usamljenika, izgnanika, divljaka, govornika u pustinji, izazovnog, zaludnog, razočaravajućeg, paradoksalnog, nepomirljivog, neprijatelja ništavila i čoveka koga ništavilo privlači i proždire, rastrzanog između života i smrti, mrtvog i uskrslog ujedno, nepobedivog i uvek poraženog.

*

Nimalo mu se ne bi dopalo kada bi se, u studiji posvećenoj njemu, neko upinjao da analizira njegove ideje. Od dva poglavlja od kojih se obično sastoji ta vrsta ogleda – Čovek, Njegove ideje – on može da pojmi samo prvo. Ideokratija je najužasnija od svih diktatura koje je on pokušao da obori. Bolje je, u studiji o čoveku, posvetiti jedno poglavlje njegovim rečima nego idejama. A čovek, zar to nije stil? „Smisao", rekao je Paskal pre Bifona, prima od reči njihovo dostojanstvo, umesto da im ga daje."[1] Unamuno nema ideje: on je on

---

[1] Korolar uz ovu misao: „Različito raspoređene reči daju različit smisao, a različito raspoređeni smislovi stvaraju različiti efekat", komentarisan je, u svim klasičnim Ašetovim izdanjima, velikom i malom, sledećim primerom koji daje neki profesor: „Takva je razlika između *grand homme* [značajan čovek] i *homme grand* [visok čovek], *galant homme* [otmen čovek] i *homme galant* [velikodušan čovek], itd, itd." Ali ova čudovišna glupost neće naljutiti Unamuna,

sam, skup ideja koje ideje drugih postaju u njemu, pri slučajnim susretima, pri slučajnim šetnjama po Salamanki gde pronalazi Servantesa i brata Luisa de Leona, prilikom slučaja duhovnih putovanja koja ga vode u Por-Roajal, u Atinu ili Kopenhagen, otadžbinu Serena Kjerkegora, slučajnom prilikom onog stvarnog putovanja koje će ga odvesti u Pariz, gde se on nevino, i nikad se ne začudivši, umešao u naš karneval.

To odsustvo ideja, ali i taj neprestani monolog gde sve ideje sveta izgaraju da postanu lični problem, živa strast, vatreni dokaz, patetični egoizam, neizbežno su iznenadili Francuze, velike ljubitelje razgovora, ili razmene ideja, učene dijalektike, iza koje se slažemo da lični nemir pristojno prekrijemo velom sve dok ga ne zaboravimo i ne zagubimo; veliki ljubitelji intervjua i anketa, takođe, kroz koje duh ustupa pred sugestijama novinara, koji dobro poznaje svoju publiku i zna najaktuelnije opšte probleme na koje svakako treba dati neki odgovor, tačke na kojima valja načeti neki skandal, kao i, naprotiv, one koje zahtevaju mirnije rešenje. Ali šta će tu solilokvijum starog Španca koji ne želi da umre?

U hodu naše vrste dolazi do neprestanog i rastužujućeg opadanja energije: svako se pokolenje razvija manje-više stalno gubeći ljudski smisao, ljudski apsolut. Tome se čudi samo gdekoji pojedinac, koji u svojoj užasnoj žeđi ne želi ništa da izgubi, nego, naprotiv, da stekne sve. To brine Paskala, koji ne može da shvati kako ljudi mogu dopustiti da zaborave na to. To brine velike Špance, za koje ideje i sve ono što može sačinjavati neku provizornu ekonomiju – u moralu ili politici –

---

koji je i sam profesor – još jedna protivrečnost toga čoveka umešenog (ovde, kao i Unamuno, prevodim doslovno umesto prenesenog značenja, što je nova figura) od antiteza – ali koji pre svega ispoveda mržnju prema profesorima.

nije nimalo zanimljivo. Kod njih postoji samo ekonomija individualnog, te otuda – večnog. I za Unamuna, baviti se politikom još znači spasti se. To znači braniti svoju ličnost, potvrditi je, zauvek je uvesti u istoriju. To ne znači obezbediti pobedu jednog učenja, jedne stranke, proširiti nacionalnu teritoriju ili preokrenuti društveni poredak. Takođe, Unamuno, ako se bavi politikom, ne može da se razume ni sa jednim političarom. On ih sve razočarava, i njegove polemike gube se u zbrci: jer, on polemiše sa samim sobom. Od Kralja, od Diktatora, on bi rado napravio likove svoje unutrašnje scene. Baš kao što je uradio sa Čovekom-Kantom ili sa Don Kihotom.

Unamuno je sa svojim savremenicima takođe u stalnom nesporazumu. Političar za koga formule opšteg interesa ne znače ništa, romansijer i dramaturg koji se smeška na sve ono što mu mogu ispričati o posmatranju stvarnosti i o igri strasti, pesnik koji ne zamišlja nikakav ideal vrhunske lepote, Unamuno surovo i nemilosrdno prelazi preko svakog sistema, svakog načela, svega onoga što je spoljašnje i objektivno. Njegova misao, kao i Ničeova, nemoćna je da se izrazi u diskurzivnom obliku. Ne idući toliko daleko da se sabere u aforizam i da se iskuje pod udarcima čekića, ona je, kao i misao pesnika filosofa, slučajna i podložna najrazličitijim radnjama. Određuje je samo lični događaj, potreban joj je podstrek i otpor; to je suštinski egzegetska misao. Unamuno, koji nema svoje sopstveno učenje, pisao je samo knjige komentara: komentare uz *Don Kihota*, komentare uz Velaskesovog Hrista, komentare uz govore Prima de Rivere. A naročito komentare o svim tim stvarima utoliko ukoliko se one dotiču integriteta don Migela de Unamuna, njegovog očuvanja, njegovog zemaljskog i budućeg života.

Isto tako, Unamuno pesnik potpuno je pesnik okolnosti – u, naravno, najširem smislu te reči. On uvek nešto peva. Poezija za njega nije ideal koji se hrani samim sobom, kakva je mogla biti za Gongoru. Ali, prgav i ponosan kao kakav prognanik iz vremena Risorđimenta, Unamuno ponekad pokazuje potrebu da u lirskom obliku uzvikne svoje uspomene iz detinjstva, svoju veru, svoje nade, bol svoga progonstva. Umetnost stiha nije za njega prilika da se prepusti. Nego naprotiv, samo viša i nekako neophodnija prilika da sam sebe iznova govori i da se sabere. U prostranim perspektivama te oratorske, tvrde, robusne i romantične poezije, on je uvek sve jače on sam, i nekako sav radostan zbog te najteže pobede nad tvari i nad vremenom.

Postavili smo umetnost kao kanon koji treba podražavati, kao normu koju treba dosegnuti ili problem koji treba rešiti. A ako smo sebi utvrdili neki postulat, nimalo nam se ne sviđa da se neko od njega udaljava. Da li bismo prihvatili dela koja piše taj čovek, tako nakostrešena i u neredu, a u isto vreme neograničena i čudovišna da se ne mogu klasifikovati ni u koji žanr, u kojima lične intervencije svaki čas zaustavljaju, sa familijarnom i šaljivdžijskom nepristojnošću, tok fikcije – filosofske ili estetičke – s kojim samo što se nismo već složili?

Za Luiđija Pirandela, čijem ironičnom idealizmu su često zamerane izvesne unamunovske igrarije, priča se da je dugo kraj sebe čuvao, u svakodnevnom životu, svoju ludu majku. Nešto slično se dogodilo Unamunu koji je ceo život proživeo pored jednog ludaka, i to najbožanskijeg od svih: Našeg Gospoda Don Kihota. Otuda Unamuno ne može da podnese nikakvo ropstvo. On ih je sva odgurnuo. Ako se ovaj čudesni humanista, koji je obišao sve spoznatljive stvari, užasava naročito od dve nauke: pedagogije i sociologije, to je,

bez ikakve sumnje, zbog njihove pretenzije da obliko-
vanje pojedinca, i sve što ono sa sobom najdublje i naj-
nesvodljivije nosi, podvrgnu nekakvoj apriornoj kon-
strukciji. Treba malo-pomalo, ako želimo da sledimo
Unamuna, da izbacimo iz naše misli sve ono što ne
predstavlja njen radikalni integritet, i da se pripremimo
za one iznenadne hirove, za one otklone u jeziku kroz
koje taj integritet hoće da, u svakom trenutku, sebi
obezbedi istančanost i dobro funkcionisanje. Što se nas
tiče, čini nam se da nas neprihvatanje tih pravila dovo-
di u opasnost da ispadnemo smešni. A upravo Don Ki-
hote ne zna za tu opasnost. I Unamuno ne želi da zna
za nju. On zna za sve opasnosti, osim ove. Pre nego da
pristane i na najmanju pokornost, on će radije dopusti-
ti da bude bačen u ponor koji odjekuje od grohotnog
smeha.

*

Odstranivši od Unamuna sve ono što nije on sam,
stanimo u središte njegovog otpora: pojavljuje se čovek
uobličen, ocrtan u telesnoj stvarnosti. On korača us-
pravno, noseći svuda sa sobom, kud god pošao, kuda
god se šetao, po onom lepom baroknom trgu, svom
zlatnom, u Salamanki, ili ulicama Pariza, ili baskijskim
drumovima, svoj neiscrpni monolog, uvek isti uprkos
bogatstvu njegovih varijacija. Uspravan, odeven u ono
što sam zove svojom civilnom uniformom, glave čvrsto
na ramenima koja nikada nisu mogla podneti, čak ni po
snegu, da ponesu kaput, uvek ide ispred sebe, ravnodu-
šan prema kvalitetu svojih slušalaca, baš kao što je njegov
učitelj držao govore pred pastirima kao i pred vojvoda-
ma, i nastavlja tragičnu igru rečima, u čemu, uostalom,
nije nimalo nevešt. Ne pridaje li on na taj način najveći

transcendentalni značaj onoj veštini pravljenja ptica od papira koja predstavlja njegov trijumf? Sav taj konceptizam, sve te filološke igrarije, hoće li ga izraziti, hoće li ga produžiti? S Unamunom, dodirujemo dno španskog nihilizma. Shvatamo da taj svet u tolikoj meri potiče iz snova da čak uopšte ne zaslužuje da se sanja u sistematskom obliku. A ako su se toj pogibelji izložili filosofi, to je nesumnjivo zato što su oni preterano naivni. Uhvatili su se u sopstvenu zamku. Nisu videli deo samih sebe, deo ličnog sna koji su stavljali u svoje napore. Unamuno, lucidniji, primoran je da se svaki čas zaustavlja kako bi sam sebi protivrečio i samoga sebe poricao. Jer on umire.

Ali zašto je sticaj okolnosti na svetu stvorio ovaj slučaj – Migela de Unamuna – ako ne zato da bi on trajao i ovekovečio se? I titrajući između pola ničega i pola opstajanja, on i dalje trpi onu borbu svoga svakodnevnog postojanja gde i najmanji događaj dobija najtragičniju važnost: nema nijednog njegovog gesta koji bi se mogao podvrgnuti onom objektivnom i dogovorenom uređenju prema kojem se mi upravljamo u našim. Njegovi gestovi zavise od mnogo višeg zadatka: oni su upućeni njegovoj brizi da opstane.

Tako nema ničega uzaludnog, ničega izgubljenog u satima iz kojih se on otima. I najobičnije trenutke, u kojima se mi prepuštamo toku sveta, on zna da upotrebi da bude on sam. Njegova ga teskoba nikada ne napušta, kao ni gordost, koja prenosi veličanstvenost na sve čega se dotakne, ni gramzivost koja mu ne dozvoljava da protekne i pretvori se u ništa i ne znajući to. On je uvek budan, a ako spava, to je zato da bi se bolje pribrao pred snom na javi i da bi u njemu uživao. S svih strana napadnut pretnjama i nasrtanjima koje ume da vidi s toliko gorkom jasnoćom, svojim gestom neprestano privlači sebi sve sukobe, sve brige, sva pribežišta. Ali onako krajnje odgurnut u samoću i egoizam, on je najbogatiji i najljudskiji od svih ljudi. Jer, ne može se poreći da je on sve probleme sveo na onaj najjednostavniji i najprirodniji, i ništa nam ne brani da provirimo u njega kao uzoritog čoveka: tu ćemo naći najživlje od svih osećanja. Oslobodimo se društvenog, svetovnog, dogmi i običaja našeg mravinjaka. Jedan čovek će nestati: sve je u tome. Ako on, iz minuta u minut, odbija da ode, možda će nas i spasti. Konačno, on to nas brani braneći sebe.

Žan Kasu

KOMENTAR

Ah, dragi Kasu! Ovim portretom vučete me za jezik i čitalac će shvatiti da, ako ga uključujem ovde, prevodeći ga, to je zato da bih ga komentarisao. Već sam Kasu kaže kako sam pisao samo komentare, i premda ne razume baš najbolje i ne uspeva da shvati po čemu se od komentara razlikuje ono što to nije, umirim se kad pomislim da je možda *Ilijada* samo komentar jedne epizode Trojanskog rata, i da je *Božanstvena komedija* komentar eshatoloških doktrina srednjovekovne katoličke teologije, a istovremeno i burne firentinske istorije XIII veka i borbi Papstva i Carstva. Istina je da Dante nije bio ništa više, kako vele oni od čiste poezije – nedavno sam čitao estetičke komentare opata Bremona – do prigodni pesnik. Baš kao što su i Jevanđelja i Pavlove poslanice samo prigodni spisi.

I sada, iznova čitajući Kasuov *Portret* i gledajući u njemu sebe, ne bez čuđenja, kao u nekom ogledalu, ali u takvom ogledalu da bolje vidimo ogledalo samo negoli ono što se u njemu ogleda, najpre se zadržavam na tome da se, zadržavajući se na svakoj od tačaka u mojim čitanjima nikada nisam zadržao na ona dva odlomka kod svetog Avgustina koje navodi moj portretista. Prošlo je već mnogo godina, biće nekih četrdeset, otkako sam čitao Afrikančeve *Ispovesti* i, čudna stvar, nikada ih više nisam ponovo čitao, i ne sećam se kakav su utisak tada, u mladosti, na mene ostavila ta dva odlomka. Toliko su drugačije bile muke koje su me pritiskale u to vreme kada mi je najveća briga bila da se što pre oženim onom koja je danas, i zauvek će biti majka moje dece, pa konačno, i moja majka! Da, sviđa mi se da se zadržim – mada bi trebalo reći nešto prisnije i životnije i manje estetsko nego što je to *sviđati* se – sviđa mi se da se zadržim ne samo na svakoj tački moga čitanja, nego i na svakom trenutku koji prođe, na svim trenucima, jer ja prolazim. Priča se, tek da se nešto priča, o knjizi života, a za najveći deo onih koji upotrebljavaju tu frazu – toliko bremenitu smislom kao i gotovo sve one koje dosegnu večnost opštih mesta, kao što je i ona o knjizi prirode – ona ne znači ništa. Jadničci u stvari nisu shvatili, ako uopšte za to znaju, onaj odlomak iz Apokalipse, iz Knjige Otkrivenja, gde Duh naređuje apostolu da pojede knjigu. Kada je neka knjiga živa stvar, treba je pojesti, a onaj ko je jede, ako je i sam živući stvor, ako je doista živ, od toga jela oživljava. Ali za pisce – a tužno je što sada jedva da iko više i čita, osim onih istih koji i pišu – za pisce je knjiga samo nekakav spis, nije nikakva sveta stvar, živuća, oživljavajuća, ovekovečujuća, kao što su to Biblija, Koran, Budine Besede, i naša Knjiga, Knjiga Španije, *Don Kihote*. A da osetimo apokaliptičnost, da osetimo otkrivenje kakvo jeste jedenje knjige, možemo samo mi koji osećamo kako je Reč postala telo u isti mah kada je postala i slovo, i jedemo, kao hleb večnoga života, euharistijski, to telo i to slovo. I slovo koje jedemo, koje je telo, takođe je i reč, mada to ne znači da je i ideja, odnosno – kostur. Od kostura se ne živi; niko se kosturima ne hrani. I eto zašto imam običaj da se zadržavam nasumice u čitanjima svake vrste knjiga, a među njima i knjige života, istorije koju živim, i knjige prirode, u svim vitalnim tačkama.

Pripoveda četvrto Jevanđelje (Jovan, VIII, 6–9) i zato nam sad ideolozi govore kako je taj odlomak apokrifan, kada su pisari i fariseji pred Isusa izveli preljubnicu, da je on, sagnuvši se ka zamlji, pisao u prašini, bez pera i mastila, golim prstom, i dok su je ispitivali, ponovo se sagao i pisao pošto im je rekao, neka onaj ko oseća da je bez greha prvi baci kamen na grešnicu, a oni, tužitelji, otidoše ćutke. Šta pročitaše u prašini po kojoj je pisao Učitelj? Da li išta pročitaše? Zadržaše li se u tom čitanju? Ja, sa svoje strane, hodam seoskim i gradskim putevima, kroz prirodu i kroz istoriju, pokušavajući da pročitam, kako bih komentarisao, ono što je nevidljivi goli prst Božiji napisao u prašini koju nosi vetar prirodnih i istorijskih revolucija. A Bog se, da bi to napisao, saginje ka zemlji. I ono što je Bog napisao naše je sopstveno čudo, čudo svakoga od nas, svetog Avgustina, Žan-Žaka, Žana Kasua, tebe, čitaoče, ili mene koji sada perom i mastilom pišem ovaj komentar, čudo naše svesti o ljudskoj samoći i večnosti.

Samoća! Samoća je srž naše suštine, a kada se okupljamo, kada činimo stado, mi je samo produbljujemo. A otkuda je, ako ne iz samoće, iz naše korenite samoće, rođena ona zavist, zavist Kaina, čija se senka širi – dobro reče moj Antonio Maćado – nad usamljeničkim očajanjem visoke kastiljanske pustoši? Ta zavist, čiji je mir poremetila aktualna španska Tiranija, koja nije ništa drugo do plod kainovske zavisti, pre svega u samostanu i u kasarni, fratarske i vojničke, one zavisti koja se rađa u stadima potčinjenim vojničkom poretku, ta inkvizitorska zavist napravila je tragediju od istorije naše Španije. Španac mrzi samoga sebe.

Ah, da, postoji čovečnost unutar te druge čovečnosti pretvorene u stado, postoji čovečnost koju ispovedam i koju dozivam. I kako je samo tačno napisao Kasu da joj treba dati „božansko uređenje"! Božansko uređenje? Ono što treba učiniti jeste urediti Boga.

Tačno je: Augusto Peres iz moje *Magle* tražio je od mene da ga ne pustim da umre, ali u isto vreme dok sam od njega to slušao – a slušao sam dok sam to, po njegovom diktatu, zapisivao – slušao sam i buduće čitaoce svoje priče, svoje knjige, koji su, dok su je jeli, možda gutajući je, od mene tražili da ih ne pustim da umru. I svi mi, ljudi, u našim uzajamnim odnosima, u našoj ljudskoj duhovnoj razmeni, pokušavamo da ne umremo; ja da ne umrem u tebi, čitaoče koji me čitaš, a ti da ne umreš u meni koji za tebe ovo pišem. I siroti Servantes, koji je nešto više nego bedni leš, kada je po diktatu Don Kihota napisao priču života njegovog, pokušavao je da ne umre. A u vezi sa Servantesom, ne želim da propustim zgodnu priliku da kažem kako, kada nam veli da je priču o Vitezu izvukao iz neke arapske knjige Sida Hamida Benengelija hoće da nam kaže da to nije puka izmišljotina njegove mašte. Dosetka sa Sidom Hamidom Benegelijem u sebi sadrži duboki nauk za koji se nadam da ću ga jednoga dana razviti. Jer sada moram preći, prepuštajući se slučaju komentara, na drugu stvar.

Na mesto gde Kasu komentariše ono što sam ja rekao i napisao, i to više nego jedanput, o mojoj Španiji, koja je isto toliko moja kći koliko i moja mati. Ali kći mi je zato što mi je mati, a mati zato što mi je kći. Odnosno, moja žena. Jer majka naše dece jeste naša mati i naša kći. Majka i kći! Iz utrobe majke izlazimo, bez svesti, da bismo pod svetlošću sunca videli nebo i zemlju, plavetnilo i zelenilo, a koja je uteha veća od toga da možemo, u poslednjem trenutku, da spustimo glavu na potreseno krilo kćeri i umremo, otvorenih očiju, ispijajući njima, kao poslednju pomast, večno zelenilo otadžbine!

Kasu kaže kako moje delo ne bledi. Hvala. A to je zato što je uvek isto. I zato što ga pravim tako da može da bude drugo za čitaoca koji ga čita jedući ga. Šta mi je važno ako ne čitaš, čitaoče, ono što sam ja hteo u njega da stavim, ako čitaš ono što u tebi rasplamsava život? Čini mi se glupo da se neki autor zanosi objašnjavajući šta je hteo da kaže, jer nama nije važno šta je hteo da kaže nego šta je rekao, ili bolje, ono što mi čujemo. Tako me Kasu naziva, osim divljakom – a ako to znači čovek iz divljine, slažem se – paradoksalnim i nepomirljivim. Da sam paradoksalan rekli su mi mnogo puta i to tako da na kraju nisam znao šta to podrazumevaju pod paradoksom oni koji su mi to govorili. Mada je paradoks kao i pesimizam jedna od reči koje su izgubile svaki smisao u našoj Španiji, konformističkoj poput stada. Ja nepomirljiv? Tako se prave legende! Ali ostavimo se sada toga.

Zatim Kasu za mene kaže da sam umro i uskrsnuo – *mort et ressucité ensemble*. Kad pročitah to, podiđe me jeza od teskobe. Zato što mi se pred očima pojavi ono što nam kaže četvrto Jevanđelje (Jovan, XII : 10) kako su sveštenici kovali zaveru da ubiju vaskrslog Lazara jer su mnogi Jevreji zbog njega prilazili Isusu i verovali. Užasna je stvar biti uskrsnut, a naročito među onima koji su, noseći ime živih, mrtvi prema Knjizi Otkrivenja (III : 1-2). Ti siroti lutajući i govoreći i gestikulirajući i delatni mrtvaci koji leže u prašinu po kojoj je pisao goli prst Boga, a ne čitaju ništa iz nje, i pošto ništa ne čitaju, i ne sanjaju. Niti štogod čitaju iz poljskog zelenila. Jer, zar nikada nisi zastao, čitaoče, kod onog ponorskog poetskog trenutka u istom četvrtom Jevanđelju (Jovan, VI : 10) gde nam se priča kada je veliko mnoštvo pratilo Isusa preko mora Tiverijadskog, Galilejskog, pa je trebalo dobaviti hleba za sve, a jedva da su imali novaca, pa Isus reče svojim apostolima: „Recite ljudima da posedaju"? I tekst Knjige dodaje: „A beše mnogo trave na tom mestu." Mnogo zelene trave, mnogo zelenila u polju, tamo gde je mnoštvo gladno govora Reči, govora Učitelja, trebalo da sedne da ga čuje, da pojede njegovu reč! Mnogo trave! Ne sedoše na prašinu koju kovitla vetar, nego na zelenu travu koju ljuljuška povetarac. Beše mnogo trave!

Onda Kasu kaže kako ja nemam ideje, ali mislim da hoće da kaže to da ideje nemaju mene. I pravi neke komentare koji su mu zacelo pali na um povodom razgovora s nekim francuskim novinarom koji je objavljen u *Le nuvel literer*. A kako mi je samo teško posle toga palo što sam popustio pred pozivom na taj intervju! Jer odista, šta sam to ja mogao reći nekom novinaru koji poznaje svoju publiku i zna opšte i aktualne probleme – koji, pošto su najmanje individualni, u isti mah su i najmanje univerzalni i najmanje večni – na koje treba dati nekakav odgovor, tačke na kojima je prikladno izazivati skandal i one koje zahtevaju mirujuće rešenje? Skandal! Ali, šta je to skandal? Ne onaj jevanđelski skandal, onaj o kojem nam govori Hristos kada kaže da je potrebno da ga ima, ali, teško onome po koga dođe! Ne satanski ili luciferovski skandal, što je skandal arhanđelski i pakleni, nego bedni skandal ogovaranja književnih svratišta, onih jadnih i bednih svratišta za ljude od pera koji ni knjigu ne umeju da pojedu – jedva je i pročitaju – niti umeju da umese od svoje krvi i svoga tela knjigu koja se jede, nego je pišu perom i mastilom. U pravu je Kasu, kakvog li posla u takvim intervjuima ima čovek, bio Španac ili ne, koji neće da umre i koji zna da je solilokvijum način da se razgovaraju duše koje osećaju božansku samoću? I šta bilo koga briga šta Petar misli o Pavlu, ili kako Jovan ceni Andriju?

Ne, nisu mi važni problemi koje nazivaju aktualnim a koji to nisu. Jer istinska aktualnost, ona uvek aktualna, jeste aktualnost večne sadašnjosti. Mnogo puta ovih dana tragičnih za moju jadnu otadžbinu čujem pitanje: „I šta ćemo sutra?" Ne, nego šta ćemo sada. Ili bolje, šta ću ja sada da učinim, šta će sada da učini svako od nas. Sadašnje i individualno; sada i ovde. U konkretnom slučaju aktualne političke situacije – ili bolje nego političke, apolitičke, to jest, negrađanske – u mojoj otadžbini, kada čujem da se govori o budućoj politici i o reformi Ustava, odgovaram da prvo treba da se oslobodimo sadašnje bede, prvo da okončamo s tiranijom i da je urazumimo i osudimo kako bismo joj presudili. A ostalo nek sačeka. Kad je Hristos pošao da vaskrsne kći Jairovu sreo je ženu bolesnu od tečenja krvi i zadržao se s njom, jer je to bila stvar trenutka; ona druga, mrtva, nek sačeka.

Kaže Kasu, i preko mene uopštava, da za velike Špance sve ono što može činiti privremenu ekonomiju – moralnu ili političku – nije nimalo zanimljivo, da oni znaju samo za ekonomiju individualnog, pa otuda i večnog, te za mene baviti se politikom znači spasti se, braniti svoju ličnost, potvrđivati je, zauvek je uvesti u istoriju. A ja odgovaram: prvo, privremeno je večno, ovo ovde je središte beskonačnog prostora, žarište beskonačnosti, a ovo sada je središte vremena, žarište večnosti; dalje, pojedinačno je univerzalno – u logici se pojedinačni sudovi asimiluju u univerzalne – te otuda i večno, i konačno, nema druge politike osim one da se u istoriji spasu pojedinci. Niti obezbeđivanje pobede neke doktrine, neke partije, povećavanje nacionalne teritorije ili rušenje nekog društvenog poretka išta vredi ako to nije zato da bi se spasle duše pojedinačnih ljudi. I takođe odgovaram da mogu da se razumem s političarima – i više nego jednom prilikom razumeo sam se s nekima od njih – da mogu da se razumem sa svim političarima koji osećaju beskrajni i večni karakter individualnosti. Pa makar se zvali i socijalisti, i možda baš zbog toga što se tako zovu. I da, treba zauvek – *à jamais* – ući u istoriju. Zauvek! Istinski otac istorijske istorije, političke istorije, duboki Tukidid – istinski učitelj Makijavelijev – govorio je kako piše istoriju. „za uvek". A pisati istoriju za uvek jeste jedan od načina, možda i najdelotvorniji, da se zauvek uđe u istoriju. A ako je ljudska istorija onakva kakva sam rekao i ponavljao da jeste, Božija misao na zemlji čovečijoj, onda praviti istoriju, i to za uvek, jeste navoditi na misao o Bogu, jeste organizovati Boga, jeste mesiti večnost. I onaj drugi Tukididov učenik, Leopold Ranke, imao je razloga da kaže da je svako ljudsko pokolenje u neposrednom dodiru s Bogom. U stvari Carstvo Božije čiji dolazak svakodnevno traže prosta srca – „neka dođe carstvo Tvoje" – to carstvo koje je u nama, dolazi nam iz trenutka u tenutak, i to je carstvo večni njegov dolazak. I cela istorija jeste komentar Božije misli.

Komentar? Kasu veli da sam ja pisao samo komentare. A šta su ostali pisali? U svedenom i akademskom smislu u kojem Kasu izgleda želi da upotrebi tu reč ne znam da su moji romani i drame komentari. Moj *Mir u ratu*, na primer, po čemu je taj roman komentar? Ah, da, to je komentar političke istorije karlističkog građanskog rata od 1873. do 1976. godine. Ali praviti komentare znači praviti istoriju. Kao što i pisati pripovedajući kako se pravi roman takođe znači praviti ga. Da li je život svakoga od nas više od romana? Ima li romanesknijeg romana od autobiografije?

Želim olako da pređem preko mesta gde mi Kasu kaže da sam ja prigodni pesnik – i Bog je to isto – i onoga što kaže za moju poeziju, da je „oratorska, tvrda, robusna i romantična". Nedavno sam čitao šta se pisalo o čistoj poeziji – čistoj kao destilisana voda, koja se ne može piti, i to destilisana u laboratorijskoj retorti, a ne u oblacima što se slobodno pročišćavaju na suncu i čistom vazduhu – a što se tiče romantičarstva, zaključio sam da taj termin treba staviti pored paradoksa i pesimizma, to jest, više i ne znam šta on znači, kao što ne znaju ni oni koji koji ga zloupotrebljavaju.

Odmah zatim Kasu se pita da li će biti prihvaćena moja dela, onako nakostrešena od nereda, neograničena i čudovišna, koja se ne mogu svrstati ni u jedan žanr – „svrstati", *classer*, i „žanr", u tom grmu leži zec! – i govori o trenutku kada je čitalac na ivici da se složi – *nous mettre d'accord* – s tokom fikcije koju mu predstavljam. Ali zašto bi čitalac morao da se složi sa onim što mu pisac kaže? Što se mene tiče, kad uzmem da čitam drugoga, ne radim to zato da bih se složio s njim. Niti od njega tražim išta slično. Kad mi neki od onih neprobojnih čitalaca, od onih što ne umeju da jedu knjige niti da iziđu iz samih sebe, pošto je pročitao nešto moje, kaže: „Ne slažem se! Ne slažem se!" ja mu odgovorim, podstičući koliko god mogu sopstveno milosrđe: „A šta nas se tiče, moj gospodine, i mene, i vas, to što se ne slažemo." Što će reći, kad sam ja u pitanju, ne slažem se uvek sa samim sobom, a imam običaj da se složim sa onima koji se ne slažu sa mnom. Svojstvo je žive individualnosti, uvek prisutne, uvek promenljive i uvek iste, koja teži da zauvek živi – i ta težnja je njena suština – svojstveno je individualnosti koja to jeste, koja jeste i postoji, da se sastoji u tome što se hrani drugim individualnostima i samu sebe drugima daje kao hranu. Na tom sastojanju održava se njeno postojanje, i odupirati se tome jeste odustajati od večnog života. I sad Kasu i čitalac vide do kakvih me sve dijalektičkih igara, toliko konceptističkih – tako španskih – dovodi etimološki proces po-stojanja, sa-stojanja, op-stajanja ili od--upiranja i odu-stajanja. A još nedostaje i na-stojanje, za koje neki kažu da mi je svojstveno – nastojanje, insistiranje. I svime time, čini mi se, pri-stajem uza svoje bližnje, svoju braću, svoju sa-braću, da pronađu sami sebe i zauvek uđu u istoriju i naprave sopstveni roman. Slagati se! Tja! Ima životinja biljoždera, i biljaka mesoždera. Svako opstaje zahvaljujući svojim suprotnostima.

Kada Kasu pominje najintimniju, najdublju, najljudskiju crtu dramskog romana kakav je Pirandelov život, to što je sa sobom u svakodnevnom životu imao ludu majku – pa šta! zar da je baci u ludnicu? – potresao sam se, jer, zar i ja ne čuvam, i to čvrsto privijenu na grudi, svoju jadnu majku Španiju, takođe ludu? Ne samo Don Kihota, ne, nego Španiju, Španiju ludu kao Don Kihot; ludu od bola, ludu od stida, ludu od očaja, i, ko zna, ludu možda i od griže savesti. Onaj krstaški pohod u koji ju je kralj Alfonso XIII, predstavnik habzburške duhovne tuđine uvukao, da li je to išta više do ludilo? Ali ne donkihotovsko ludilo.

Što se tiče Don Kihota, toliko sam već rekao...! On me je naveo da toliko toga kažem...! Ludak, da, mada ne najbožanskiji od svih. Najbožanskiji od svih ludaka bio je i dalje jeste Isus, Isus Hristos. Jer pripoveda drugo Jevanđelje, po Marku (III : 21) kako su njegovi – *hoi par'autou* – iz njegove kuće i porodice, njegova majka i braća – kako potom kaže stih 31 – otišli po njega govoreći da je van sebe – *hoti exeste* – da nije priseban, da je lud. A zanimljivo je da grčki termin kojim se izražava da je neko lud onaj koji kaže „biti van sebe", analogno latinskom *ex-istere* – „stajati izvan", „van-stajati" – što znači postojati. I postojanje je jedno ludilo i onaj ko postoji, onaj ko je van sebe, onaj koji se daje, onaj koji transcendira, lud je. Niti je drugo sveta ludost krsta. Nasuprot čemu je razboritost, koja nije ništa drugo nego glupost, ostajanje u sebi, rezervisanost, povlačenje u sebe. Razboritost koje su bili puni oni fariseji koji su Isusu i njegovim učenicima prebacivali što kidaju klasje žita da bi ga jeli, pošto bi ga protrljali kroz šake, subotom, i što je Isus izlečio bogalja u subotu, fariseji, za koje Jevanđelje kaže (Luka, VI : 11) da su puni bezumlja ili slaboumnosti – *anoias* – a ne ludila. Slaboumni ili bezumni su oni liturgijski i poslušni fariseji, a ne ludi. Mada je kao farisej počeo i onaj Pavle iz Tarsa, mističarski otkrovitelj Isusa, kome je pretor Fest rekao velikim glasom (Dela, XXVI : 24): „Lud li si, Pavle: mnoge te knjige u ludilo odvedoše." Mada nije upotrebio jevanđelsku reč Hristove porodice, „onaj koji je izvan sebe", nego je rekao da se „pomamio" – *mainei* – da je zapao u *maniju*. I upotrebljava tu istu reč koja je i do nas stigla. Sveti Pavle je za pretora Festa bio manijak; mnoge knjige, mnogo čitanje, zavrtelo mu je mozak, osušivši mu ga ili ne, kao Don Kihotu knjige o vitezima.

A zašto bi čitanje izluđivalo čoveka kao što je izludelo Pavla iz Tarsa i Don Kihota od Manče? Zašto bi neko postao ludak ako guta knjige? Ima toliko načina da se poludi! I još toliko da se čovek zaglupi. Mada najčešći način zaglupljivanja nastaje kad se knjige čitaju a ne jedu se, kad se slova gutaju ali se ne upijaju i ne pretvaraju u duh. Glupaci opstaju – opstaju u svojoj gluposti – od kostiju a ne od mesa učenja. A glupi su oni koji kažu: „Meni se niko neće smejati!"

Želeo bih ništa da ne kažem o poslednjim potezima na portretu koji mi je napravio Kasu, ali ne mogu da odolim pred četiri reči o pozadini španskog nihilizma. Ne sviđa mi se ta reč. *Nihilizam* ne zvuči, ili bolje, nema ukus na ruski, i mada bi Rus rekao da je ono njegovo *ničevizam*, onaj ruski se nazivao nihilizmom. Ali *nihil* je latinska reč. Naš, španski, bolje bi bilo nazvati *nadizam*, od naše ponorne reči: *nada*. *Nada*, što najpre znači „*cosa nada* ili *nacida*", „rođena reč", „nešto", to jest: „sve", potekla je, znači, poput francuskog *rien*, od *rem*=stvar – i poput *persone* – ne-stvar, ništavnost, ništa. Od punoće bića prešlo se na njegovu ispražnjenost.

Život, koji je sve, i koji se zato što jeste sve svodi na ništa, jeste san, ili možda senka nekog sna, i možda Kasu ima pravo kada kaže da ne zaslužuje da se sanja u sistematskom obliku. Nesumnjivo! Sistem – koji je konzistencija – razara esenciju sna, a time i esenciju života. Odista, filosofi nisu videli onaj deo sebe samih, snoviđenja koje oni jesu, koje su stavili u svoj napor da sistematizuju život i svet i egzistenciju. Nema dublje filosofije nego što je kontemplacija kako se filosofira. Istorija filosofije je neprolazna filosofija.

Moram, na kraju, da zahvalim mome Kasuu – nisam li ga ja, portretisani, učinio autorom portreta? – što je priznao da na kraju krajeva, braneći sam sebe, ja branim svoje čitaoce koji se brane od mene. I tako, kada im pričam kako se pravi roman, odnosno, kako ja pravim roman od svog života, svoje povesti, dovodim i njih dotle da sami polako počnu da prave sopstveni roman, roman koji jeste život svakoga od njih. I nesreća je njihova ako nemaju roman. Ako tvoj život, čitaoče, nije roman, ako nije božanska maštarija, snoviđenje večnosti, onda ostavi ove stranice, nemoj me dalje čitati. Nemoj me dalje čitati jer nećeš moći da me svariš, pa ćeš morati da me povratiš bez koristi bilo za mene, bilo za tebe.

A sad prelazim na prevod svoje priče o tome kako se pravi roman. A pošto mi nije moguće da je iznova vratim a da je iznova ne promislim, to jest, da je iznova ne proživim, biću primoran da je komentarišem. A kako bih želeo da poštujem što mi više bude moguće onoga koji sam bio, onoga sebe iz zime 1924. i 1925. godine, u Parizu, kad dodam neki komentar, staviću ga zagrađenog, između uglastih zagrada, ovako: [ ].

S tim zagrađenim komentarima i s tri priče uglavljene jedna u drugu od kojih se spis sastoji, on će ponekom čitaocu izgledati kao one japanske lakovane kutijice u kojima stoji druga kutijica, pa onda još jedna, svaka od njih ukrašena i uređena kako je umetnik najbolje znao i umeo, i na kraju, poslednja kutijica... prazna. Ali takav je svet, i život. Komentari komentara i opet još komentara. A roman? Ako pod romanom podrazumevaš, čitaoče, neki siže, romana nema. Ili, što je isto, nema sižea. U mesu je kost a u kosti srž; ali ljudski roman nema srži, nedostaje mu siže. A ono što je istinski romaneskno jeste kako se pravi roman.

KAKO SE PRAVI ROMAN

Evo me ovde pred ovim belim stranicama – belim kao crna budućnost: jeziva belina! – kako pokušavam da zadržim vreme koje prolazi, da utvrdim neuhvatljivu današnjicu, konačno, da sebe ovekovečim ili učinim besmrtnim, mada večnost i besmrtnost nisu jedna te ista stvar. Evo me ovde pred ovim belim stranicama, mojom budućnošću, pokušavam da prolijem svoj život kako bih nastavio da živim, da dajem sebi život, da se čupam od umiranja u svakom trenutku. Pokušavam, istovremeno, da se utešim u svom progonstvu, u progonstvu iz svoje večnosti, gde sam ostavljen ne samo bez svoje zemlje, nego i bez svoga neba.

Progonstvo! Izopštenje! I koliko mu samo ličnih doživljaja, pa čak i religioznih, dugujem! Nekada sam tamo, na onom ostrvu Fuerteventura, koje sam voleo večno i iz dubine duše, u onom Božijem azilu, i zatim ovde, u Parizu, sitom i presitom ljudske povesti, one opšte, pisao svoje sonete, koje je neko uporedio, po njihovom poreklu i nameri, s *Kaznama* koje je protiv tiranije Napoleona Malog napisao Viktor Igo na ostrvu Džerzi. Ali oni mi nisu dovoljni, nisam u njima sa celim svojim ja u progonstvu, čine mi se premali da bih se ovekovečio u neuhvatljivoj sadašnjici, u ovom užasnom istorijskom prezentu, pošto je istorija mogućnost užasa.

Primam malo koga; najveći deo svojih jutara provodim sam, u ovom kavezu blizu trga Sjedinjenih Država. Posle doručka odlazim na Rotondu Monparnas, na uglu s bulevarom Raspaj, gde se okuplja mala grupa Španaca, većinom mladih studenata, i gde komentarišemo retke vesti koje nam stižu iz Španije, naše Španije i Španije onih drugih, i svakoga dana iznova počinjemo da ponavljamo iste stvari, gradeći, kako se to ovde kaže, kule u Španiji. Tu Rotondu ovde neki i dalje zovu Rotondom Trockog, jer je izgleda, kad je bio prognanik u Parizu, taj ruski boljševički vođa tu dolazio.

Kako je užasno živeti u iščekivanju, zamišljajući svakoga dana šta sve može da se desi sledećeg! I šta sve može da se ne desi! Provodim čitave sate, sam, ležeći na samačkom krevetu u svom malom hotelu – *family house* – posmatrajući tavanicu u sobi a ne nebo i sanjajući o budućnosti Španije i svojoj sopstvenoj. Ili raz-spravljajući ih. I ne usuđujem se da se poduhvatim bilo kakvog posla jer ne znam hoću li moći na miru da ga završim. Pošto ne znam da li će ovo progonstvo trajati još tri dana, tri nedelje, tri meseca ili tri godine – htedoh da dodam i tri veka – ne preduzimam ništa što bi moglo potrajati. Ipak, ništa ne traje duže od onoga što se radi u trenutku i za trenutak. Treba li da ponovim svoj omiljeni izraz *ovekovečenje trenutnosti*? Moja urođena sklonost – i to toliko španska! – ka antitezi i konceptizmu vuče me da govorim o *otrenutčenju večnosti*. Zakovati točak vremena!

Ima već dve godine, i još skoro pola godine više, otkako sam u Parizu napisao ove redove i danas ih pregledam ovde, u Endaji, gde mi je moja Španija na vidiku. Dve i po godine više! Kada me utučeni Španci koji mi dolaze u posetu pitaju, misleći na tiraniju: „Koliko će to trajati?", odgovaram im: „Koliko vi to budete želeli.“ A ako mi kažu: „Ovo će još dugo trajati, kako izgleda!“ ja njima na to: „Koliko? Još pet godina, još dvadeset? Pretpostavimo da će dvadeset; ja imam šezdeset i tri, i još dvadeset, osamdeset tri; nameravam da poživim devedeset; ma koliko trajalo, ja ću trajati duže!“ I to dok s tantalovskim pogledom posmatram moju baskijsku Španiju, dok gledam kako sunce izlazi i zalazi iza planina moje zemlje. Tamo izlazi, sad malo ulevo od Penja de Aje, od Tres Koronas, i odavde, iz moje sobe, posmatram na osojnoj padini te planine konjski rep, slapove Uramildee. S kakvom čežnjom ispunjavam sa odstojanja svoj pogled svežinom tog vodopada! Čim budem mogao da se vratim u Španiju otići ću, kao oslobođeni Tantal, da se okvasim u tim vodama utehe.

I gledam kako zalazi sunce, sada početkom juna, nad gorskom kosom Haiskibela, iznad tvrđave Gvadalupe, gde je bio zatočen jadni general don Damaso Berenger, čovek od nedoumica. U podnožju Haiskibela svakodnevno me stavlja na iskušenje grad Fuenterabija – kao kakva oleografija na poklopcu Španije – s bršljanom prekrivenim ruševinama zamka cara Karla I, sina Huane Lude od Kastilje i Filipa Lepog od Burgundije, prvog Hanzburga u Španiji, s kojim je kod nas ušla – beše to Kontrareformacija – tragedija u kojoj i danas živimo. Jadni princ Don Huan, bivši-budući Don Huan II, s kojim je iščezla mogućnost za istinski čisto špansku dinastiju!

Zvono Fuenterabije! Kada ga čujem, utroba mi uzdrhti. I tako, kao što sam se i u Fuenteventuri i u Parizu dao na pravljenje soneta, ovde u Endaji došlo mi je da pravim romanse. A jedna od njih je za zvono Fuenterabije, za samu Fuenterabiju-zvono, koja kaže:

Ako me u Španiju vratiti nećeš,
Bože jedinstvene dobrote,
ako me u njoj položiti nećeš,
nek bude volja tvoja!
Kako na nebu i na zemlji
na planini i na moru,
Fuentrabijo iz snova,
tvoga zvona odjeke čujem.
To plač je Haiskibela –
nad njim uragan se vije –
utrobo moje duboke Španije,
osećam kako u meni biješ.
Ogledalo Bidasoe
što se gubiš u moru
kakve mi samo odnosiš snove!
u Bogu će oni spokoj naći.
Fuenterabijo, zvono,
jeziče večnosti,
donosiš glas mi iskupljenja
od Boga, jedine dobrote.
Učini me, Gospode, svojim zvonom,
zvonom svoje istine,
i rat ovoga sveta i veka
nek na zemlji da mi večiti mir!

I vratimo se priči.

Pod tim okolnostima i u takvom stanju duha pade mi na pamet, ima tome već nekoliko meseci, pošto sam pročitao užasnu *Šagrinsku kožu* Balzakovu, čiji sadržaj sam znao i koju sam gutao sa sve većom strepnjom, ovde, u Parizu i u progonstvu, da se bacim na roman koji će biti autobiografija. Ali, zar nisu autobiografije svi romani koji se ovekoveče i traju ovekovečujući svoje autore i svoje antagoniste, obezbeđujući im trajanje?

Tih dana sredinom jula 1925 – juče je bio 14. juli – pročitao sam večna ljubavna pisma koja je onaj drugi izgnanik, Đuzepe Macini, pisao Juditi Sidoli. Drugi jedan italijanski izgnanik, Alćeste di Ambris, pozajmio mi ih je; ni sam ne zna koliku mi je uslugu time učinio. U jednom od tih pisama, iz oktobra 1834, Macini, odgovarajući svojoj Juditi koja je od njega tražila da napiše roman, kaže joj: „Nemoguće mi je da ga napišem. Vrlo dobro znaš da se ne bih mogao odvojiti od tebe, i staviti se u neku sliku a da se ne razotkrije moja ljubav... A od trenutka kada stavim svoju ljubav kraj tebe, roman nestaje." Ja sam takođe stavio svoju Konću, majku moje dece, koja je živi simbol moje Španije, mojih sanjarija i moje budućnosti, jer ću se u toj deci ovekovečiti, i ja sam nju izričito stavio u jedan od svojih poslednjih soneta, a prećutno, u sve. I sebe sam stavio u njih. I osim toga, ponavljam, nisu li, strogo gledajući, svi romani koji se rode živi, autobiografski, i nije li to razlog što postaju večni? I neka ne iznenadi moj izraz da se rađaju živi, jer a) rađa se i umire živo, b) rađa se i umire mrtvo, c) rađa se mrtvo da bi se umrlo živo.

Da, svaki roman, svaka fikcija, svaka pesma, kada je živa, autobiografska je. Svako biće iz književnosti, svaki poetski lik koji stvori neki autor čini deo samoga autora. A ako taj stavi u svoju pesmu nekog čoveka od krvi i mesa koga je poznavao, on to čini pošto ga je prisvojio, učinio delom sebe samoga. Veliki istoričari su takođe i autobiografi. Tirani koje je opisao Tacit jesu on sam. Iz ljubavi i divljenja koje im je posvetio – čovek se divi, pa čak i voli ono što osuđuje i protiv čega se bori... Ah, kako je Sarmijento voleo tiranina Rosasa! – prisvojio ih je, učinio ih samim sobom. Laž je navodna bezličnost ili objektivnost Floberova. Svi Floberovi poetski likovi jesu Flober, i više nego bilo koji drugi, Ema Bovari. Čak i gospodin Ome je Flober, i ako se Flober podsmeva g. Omeu, to je zato da bi se podsmevao samom sebi, iz samilosti, to jest, iz ljubavi prema sebi. Siroti Buvar! Siroti Pekiše!

Sva stvorenja jesu svoj tvorac. I Bog se nikada nije osetio većim tvorcem, većim ocem, nego kada je umro Hristos, kada je On, u svom Sinu, okusio smrt.

Rekao sam da mi, autori, pesnici, stavljamo sebe, stvaramo sebe u svim poetskim likovima koje stvaramo, čak i kada pišemo istoriju, kada poetizujemo, kada stvaramo osobe za koje mislimo da postoje od krvi i mesa izvan nas. Zar moj Alfonso XIII od Burbona i Habzburg-Lorene, moj Primo de Rivera, moj Martines Anido, moj grof Romanones, nisu, svaki ponaosob, moja stvorenja, delovi mene isto onoliko moji kao i moj Augusto Peres, moj Paćiko Sabalbide, moj Alehandro Gomes i sva ostala stvorenja iz mojih romana? Svi mi koji uglavnom živimo od čitanja i u čitanju, ne možemo da odvojimo poetske ili romaneskne ličnosti od istorijskih. Don Kihote je za nas isto onako stvaran i odistinski kao Servantes, ili tačnije, ovaj je kao onaj. Sve je za nas knjiga, čitanje; možemo govoriti o Knjizi Istorije, Knjizi Prirode, Knjizi Vaseljene. Mi smo biblijski. I možemo reći da na početku beše Knjiga. Ili Istorija. Jer Istorija počinje s Knjigom a ne s Rečju, i pre Istorije, pre Knjige, nije bilo svesti, nije bilo ogledala, nije bilo ničega. Praistorija je nesvesno stanje, ona je ništa.

Kaže Postanje da je Bog stvorio Čoveka po svojoj slici i prilici. To će reći, stvorio ga je kao ogledalo u kojem će se ogledati, u kojem će se prepoznati, stvoriti se.

Macini je danas za mene kao Don Kihot; ni manje, ni više. Ne postoji manje nego ovaj, te stoga nije postojao manje nego on.

Živeti u istoriji i živeti istoriju! A jedan način da se živi istorija jeste da se ona pripoveda, da se stvara u knjigama. Tako je istoričar u stvari pesnik po svom načinu pripovedanja, stvaranja, izmišljanja nekog događaja za koji su ljudi verovali da je objektivno verifikovan, izvan njihovih svesti, to jest, u ničemu, izazvao druge događaje. Dobro je rečeno da dobiti jednu bitku jeste uveriti sopstvene i tuđe, prijatelje i neprijatelje, da ju je neko dobio. Ima jedna legenda stvarnosti koja je supstanca, intimna stvarnost same stvarnosti. Suština pojedinca i naroda je njegova istorija, a istorija je ono što se zove filosofija istorije, ona je razmišljanje svakog pojedinca i svakog naroda o onome što mu se događa, što se događa u njima. S događajima, onime što se dogodilo, nastaju činjenice, ideje pretvorene u meso. Ali kako ono što sam sada sebi postavio kao zadatak jeste da ispričam kako se pravi roman a ne da filosofiram ili istorišem, ne smem više da se zamajavam, i ostavljam za drugu priliku da objasnim razliku između onoga što se dogodilo i činjenice, između onoga što se događa i prolazi i onoga što se čini i ostaje.

Rečeno je za Lenjina da je u avgustu 1917, malo pre nego što će se domoći vlasti, ostavio nedovršen jedan pamflet, veoma loše napisan, o Revoluciji i Državi, jer je mislio da je korisnije i pogodnije da iskusi revoluciju nego da piše o njoj. Ali, nije li pisanje o revoluciji takođe iskustvo o njoj? Zar Karl Marks nije stvarao rusku revoluciju isto onoliko, ako ne i više nego Lenjin? Zar Ruso nije stvarao Francusku revoluciju isto onoliko koliko i Mirabo, Danton i kompanija? To su stvari koje su rečene po hiljadu puta, ali ih treba ponavljati još hiljadu kako bi nastavile da žive, jer očuvanje vaseljene je, po teolozima, neprestano stvaranje.

„Kad Lenjin rešava neki veliki problem – rekao je Radek – on ne misli u apstraktnim istorijskim kategorijama, ne razbija glavu oko zemljišne rente ili viška vrednosti niti oko apsolutizma i liberalizma; on misli na žive ljude, na seljaka Sidora iz Tvera, na radnika iz fabrike Putilov ili na policajca na ulici, i trudi se da predstavi sebi kako će odluke koje se donesu uticati na seljaka Sidora ili na radnika Onufrija." A to samo znači da je Lenjin bio istoričar, romansijer, pesnik, a ne sociolog ili ideolog, državnik, a ne običan političar.

Kako da živim u istoriji i da živim istoriju, da sebe stvaram u istoriji, u mojoj Španiji, i da stvaram svoju istoriju, svoju Španiju, a s njome svoju vaseljenu, i svoju večnost, to je bila i dalje jeste tragična briga moga progonstva. Istorija je legenda, to već isuviše dobro znamo – suviše je dobro poznato – i ta legenda, ta istorija me proždire i kada se ona okonča, skončaću i ja s njom. A to je tragedija užasnija od tragedije onog tragičnog Valentena iz *Šagrinske kože*. I ne samo moja, nego i tragedija svih onih koji žive u istoriji, zbog nje i od nje, tragedija svih građana, to jest, svih ljudi – političkih ili civilnih životinja, kako bi to rekao Aristotel – svih nas koji pišemo, svih nas koji čitamo, svih onih koji ovo budu čitali. I tu puca univerzalnost, svekolikost i svakolikost – sve nije isto što i svako – a ne bezličnost ove priče. I to nije primer *ego-izma*, nego *nas-izma*.

Moja legenda! Moj roman! To jest, legenda, roman, mene, Migela de Unamuna, onoga koga tako zovemo, sačinili smo zajedno drugi i ja, moji prijatelji i moji neprijatelji, moje prijateljsko ja i moje neprijateljsko ja. I eto zašto ne mogu ni na trenutak da se pogledam u ogledalu, jer mi oči odmah krenu za mojim očima, za

njihovim portretom, i čim pogledam svoj pogled, ose-
ćam kako se praznim od samoga sebe, gubim svoju
istoriju, svoju legendu, svoj roman, vraćam se u nesve-
sno, u prošlost, u ništa. Kao da i budućnost takođe ni-
je ništa! A ipak, budućnost je naše sve.
Moj roman! Moja legenda! Unamuno iz moje le-
gende, iz mog romana, onaj koga smo zajedno sačinili
moje prijateljsko ja i moje neprijateljsko ja i ostali, mo-
ji prijatelji i moji neprijatelji, taj Unamuno daje mi ži-
vot i smrt, stvara me i razara, održava i davi. To je mo-
ja agonija. Da li sam onakav kakav verujem da sam ili
onakav kakav drugi veruju da jesam? I eto kako se ovi
redovi pretvaraju u ispovest pred mojim nepoznatim i
nespoznatljivim ja; nepoznatim i nespoznatljivim za
mene samog. Eto kako pravim legendu u koju ću sam
sebe sahraniti. Ali vraćam se pitanju moga romana.

Jer, zamislio sam, ima tome već nekoliko meseci, da
napravim roman u koji sam hteo da stavim najintimni-
je iskustvo svoga progonstva, da se stvorim, ovekove-
čim pod crtama prognanika i izopštenika. A sada mi-
slim da je najbolji način da se napravi taj roman ako
ispričam kako ga treba napraviti. To je roman o roma-
nu, stvaranje tvorevine. Ili Bog Boga, *Deus de Deo*.
Trebalo bi izmisliti, najpre, središnji lik koji bi bio,
naravno, ja sam. I tom liku bi se prvo dalo ime. Nazvao
bih ga U. Hugo de la Rasa; U je prvo slovo moga pre-
zimena; Hugo je prvo prezime moga oca po majci, i sta-
rog imanja u Galdakanu, u Baskiji, odakle je bio rodom;
Larasa je ime, takođe baskijsko – poput imena Lara, La-
rea, Larasabal, Laramendi, Laraburu, Laraga, Lareta... i
tolika druga – moje bake po ocu. Pišem ga La Rasa ka-

ko bih se poigrao rečima – zbog mog konceptističkog ukusa – mada Larasa znači ispaša. A Hugo ne znam tačno šta je, ali nema veze s nemačkim imenom.

U. Hugo de la Rasa dosađuje se carski – a kako se samo carevi dosađuju! – jer sada živi samo u samome sebi, u sirotom *ja* pod istorijom, u tužnom čoveku koji sebi nije napravio roman. I zato voli romane. Voli ih, pa ih i traži, kako bi živeo u drugome, kako bi bio drugi, kako bi se ovekovečio u drugome. To je barem ono u šta on veruje, ali u stvari on traži romane kako bi otkrio samoga sebe, kako bi živeo u sebi, kako bi bio on sam. Ili tačnije, kako bi pobegao od svog čak i za njega samog nepoznatog i nespoznatljivog ja.

Hugo de la Rasa, lutajući obalama Sene, duž kejova, kraj radnjica sa starim knjigama, naiđe na jedan roman koji tek što je počeo da čita pre nego što ga je kupio, i koji ga snažno osvoji, izvede ga van sebe, uvede ga u junaka romana – romana autobiografsko-romantične ispovesti – poistoveti ga sa onim drugim, da mu jednu istoriju, na kraju krajeva. Grubi svet stvarnosti ovoga doba nestaje pred njegovim očima. Kada ih na trenutak odvoji od stranica knjige i okrene ka Seni, izgleda mu da ta voda ne teče, da je to voda nekog nepomičnog ogledala, te odvaja od nje svoj užasnut pogled i vraća ga na stranice knjige, romana, kako bi se našao u njima, kako bi u njima živeo. I tu nailazi na jedan odlomak, večni odlomak, u kojem čita ove proročanske reči: „Kada čitalac dođe do kraja ove bolne povesti, umreće zajedno sa mnom".

Tada Hugo de la Rasa oseti kako se slova iz knjige brišu pred njegovim očima, kao da nestaju u vodama Sene, kao da i on sam nestaje; oseti vrelinu na potiljku i hladnoću po celom telu, zadrhtaše mu noge i u duhu mu se prikaza avet angine pektoris kojom je bio opsed-

nut mnogo godina ranije. Knjiga mu zadrhta u ruka-
ma, morade da se osloni na neki sanduk na keju i ko-
načno, ostavljajući knjigu na mestu s kojeg ju je uzeo,
udalji se, duž reke, ka svojoj kući. Osetio je na čelu dah
krila Anđela Smrti. Stiže kući, svojoj uzgrednoj kući,
leže na krevet, onesvesti se, pomisli da umire i oseti naj-
dublju teskobu.

„Ne, neću više ni dotaknuti tu knjigu, neću iz nje či-
tati, neću je kupiti da je dovršim – govorio je u sebi. –
Ona bi bila moja smrt. To je glupost, znam; bio je to
mračan hir autora, da tamo stavi one reči, ali umalo da
me ubiju. Jače je to od mene. A kada sam da bih se vra-
tio ovamo prešao most Alma – most duše! – osetio sam
želju da se bacim u Senu, u ogledalo. Morao sam da se
snažno uhvatim za grudobran. I setio sam se drugih
sličnih iskušenja, sada već starih, i one fantazije o samo-
ubici po rođenju za koga sam zamišljao kako je živeo
skoro osamdeset godina stalno želeći da se ubije i ubi-
jajući se u mislima iz dana u dan. Da li je to život? Ne;
neću više čitati iz te knjige... niti iz bilo koje druge; ne-
ću se šetati obalama Sene tamo gde se prodaju knjige."

No siroti Hugo de la Rasa nije mogao živeti bez
knjige, bez te knjige; njegov život, njegova intimna
egzistencija, njegova stvarnost, njegova istinska stvar-
nost bila je već konačno i neopozivo sjedinjena sa stvar-
nošću lika iz romana. Ako bi je i dalje čitao, živeo je,
izlagao se opasnosti da umre kada bude umro lik iz ro-
mana; ali ako više ne bude čitao, ako više ne bude živeo
knjigu, da li će živeti? I posle toga ponovo krenu u šet-
nju obalama Sene, još jednom prođe pored istog buki-
niste, baci pogled ogromne ljubavi i ogromnog užasa
na kobnu knjigu, zatim pogleda vode Sene i... pobedi!
Ili beše pobeđen? Prođe ne otvorivši knjigu, govoreći u
sebi: „Kako li se nastavlja ta povest? Kako li se završa-

va?" Ali bio je ubeđen da jednoga dana neće moći da odoli i da će biti primoran da uzme knjigu i nastavi sa čitanjem, makar morao da umre kad je završi.

Tako se odvija roman o mome Hugu de la Rasi, moj roman o Hugu de la Rasi. A u međuvremenu ja, Migel de Unamuno, takođe romaneskan, jedva da sam pisao, jedva da sam delao iz straha da me ne prožderu moji postupci. S vremena na vreme pisao sam politička pisma protiv Don Alfonsa XIII; ali ta pisma koja su pravila istoriju u mojoj Španiji, mene su proždirala. A tamo, u mojoj Španiji, moji prijatelji i moji neprijatelji govorili su kako ja nisam političar, kako nemam temperament za političara, a još manje za revolucionara, kako bih morao da se posvetim pisanju pesama i romana i da se ostavim politike. Kao da je bavljenje politikom nešto različito od pisanja pesama i kao da pisanje pesama nije drugi način bavljenja politikom!

Ali najužasnije je to što nisam pisao mnogo, što sam se utapao u neku teskobnu lenost iščekivanja, misleći na ono što bih uradio ili rekao ili napisao kada bi se dogodilo ovo ili ono, sanjajući budućnost, što je isto kao, rekao sam to već, da je razgrađujem. I čitao sam knjige koje bi mi slučajno dopale šaka, bez plana i bez reda, kako bih zadovoljio onaj užasni porok čitanja, nekažnjeni porok o kojem je govorio Valeri Larbo. Nekažnjeni. Hajdete, molim vas! Kakva slatka kazna! Porok čitanja u sebi nosi neprestanu smrtnu kaznu.

Najveći deo mojih planova – a među njima i plan da napišem ovo što sada pišem o načinu na koji se pravi roman – ostao je da lebdi u vazduhu. Bio sam objavio svoje sonete ovde, u Parizu, a u Španiji je objavljena moja *Tereza*, napisana pre nego što je buknuo sramni državni udar od 13. septembra 1923, pre nego što je započela moja povest u izgnanstvu, povest moga izgnanstva. I eto tako sam bio primoran da živim u drugom smislu, da zarađujem za život pišući! Pa i tako... *Kritika*, hrabre dnevne novine iz Buenos Ajresa, zatražiše od mene saradnju koja se dobro plaćala; novac mi ne pretiče, naročito pošto živim daleko od svojih, ali nikako nisam uspevao da spustim pero na hartiju. Odložio sam, i dalje odlažem saradnju s *Karas i karetas*, nedeljnikom iz Buenos Ajresa. U Španiji nisam hteo niti hoću da pišem ni u jednim novinama niti časopisu.

I želim da ispričam jedan slučaj. Jednom je u nekom puku služio jedan bistar i pametak momak, lukav i podsmešljiv, slobodnog civilnog zanimanja, među onima koji, kako mi to kažemo, spadaju u kvotu. Kapetan njegove čete bojao ga se i mrzeo ga, trudeći se da se ne pojavljuje pred njime, ali jednom je morao pred njim i pred ostalim vojnicima da održi neku od onih obaveznih patriotskih harangi. Siroti kapetan nije mogao oči da odvoji od usana bistroga momka, moteći na svaki njegov izraz, te stoga nije mogao ni opšta mesta za svoju harangu da nađe, sve dok se, zbunjen i uznemiren, ne vladajući više sobom, na kraju ne obrati vojniku rečima: „Šta je, smeškate se?" A momak će: „Ne, kapetane moj, ne smeškam se", a onda će onaj drugi: „Ma smeškate se, iznutra!"

Kao što sam i ovde, na granici, mogao de se upoznam s radikalnom izopačenošću politike i da uvidim kakva je to škola dželatovih šegrta. Ali ne želim da mi se jače uzburka krv dok pišem o tome, pa se vraćam svojoj priči.

Vratimo se, dakle, romanu Huga de la Rase, romanu o njegovom čitanju romana. A trebalo je da usledi to da jednoga dana siroti Hugo de la Rasa više nije mogao da izdrži, savladala ga je istorija, to jest, život, ili tačnije smrt. Prolazeći pored onog bukiniste, na kejevima Sene, kupi on knjigu, stavi je u džep i potrča duž reke, svojoj kući, odnevši knjigu kao što čovek odnosi neku ukradenu stvar, u strahu da će je i njemu ukrasti. Toliko je žurno išao da mu je ponestajalo daha, nije imao vazduha i video je kako mu se ponovo javlja stara i gotovo iščezla avet angine pektoris. Morao je da zastane i onda, osvrćući se unaokolo, gledajući prolaznike i naročito vode Sene, tečnog ogledala, otvori knjigu i pročita nekoliko redova. Ali je odmah ponovo zatvori. Ponovo je našao ono što je, mnogo godina ranije, nazvao cerebralnom dispnojom, što je možda bila Mekenzijeva bolest X, pa mu se čak učinilo da je osetio kobno golicanje duž leve ruke i među prstima na šaci. Ili bi opet sebi govorio: „Kad stignem do onog drveta, pašću mrtav", i pošto bi prošao pored njega, neki glasić bi mu, iz dubine srca, govorio: „Možda si stvarno mrtav..." I tako stiže kući.

Stiže kući, uze da jede trudeći se da oduži obrok – da ga oduži na brzinu – pope se u spavaću sobu, skide se i leže kao da će spavati, kao da će umreti. Srce mu je udaralo kao na uzbunu. Ležeći u krevetu, odeklamova najpre jedan očenaš a zatim jednu zdravomariju, zastavši kod: „neka bude volja tvoja na zemlji kako i na nebu" i kod „Sveta Marijo, majko Božja, moli se za nas grešnike i u času smrti naše". Ponovi to tri puta, prekrsti se i sačeka, pre nego što otvori knjigu, da mu se srce smiri. Osećao je kako ga vreme proždire, kako ga budućnost one romaneskne maštarije guta. Budućnost onog stvorenja iz književnosti s kojim se poistovetio; osećao je kako se utapa u samog sebe.

Malo primiren otvori knjigu i nastavi sa čitanjem. Potpuno zaboravi na sebe i tada zaista mogade reći da je umro. Sanjao je drugog, ili tačnije, drugi je bio san koji se sanjao u njemu, stvorenje njegove beskrajne samoće. Na kraju ga probudi užasno probadanje u srcu. Lik iz knjige upravo mu je ponovo rekao: „Moram da ponovim svome čitaocu da će umreti zajedno sa mnom." I ovoga puta posledice su bile jezive. Tragični čitalac izgubi svest u svojoj duhovnoj samrtničkoj postelji; prestade da sanja drugog i prestade da sanja samog sebe. A kada dođe sebi, baci knjigu, ugasi svetlo i pokuša, pošto se ponovo prekrstio, da zaspi, da prestane da se sanja. Nemoguće! S vremena na vreme morao je ustati da pije vodu; pade mu na um da pije iz Sene, iz ogledala. „Da nisam poludeo?" ponavljao je, „ali ne, jer kada se neko pita da li je lud, to znači da nije, Pa ipak..." Ustade, upali vatru u kaminu i spali knjigu, legavši odmah potom nanovo u krevet. I konačno mu pođe za rukom da zaspi.

Odlomak koji sam zamislio za svoj roman, u slučaju da sam ga napisao, i gde bi trebalo pokazati kako junak spaljuje knjigu, podseća me na ono što sam upravo pročitao u pismu koje je Macini, veliki sanjar, napisao iz Grenhena svojoj Juditi 1. maja 1835: „Ako siđem u svoje srce tamo nalazim pepeo i ugašeno ognjište. Vulkan je napravio požar i od njega ostaju samo toplota i lava koji se komešaju na površini, a kada se sve bude sledilo i kada se stvari budu ispunile, neće ostati više ništa – samo neodređeno sećanje kao na nešto što je moglo biti a nije bilo – sećanje na sredstva koja su morala biti upotrebljena radi sreće a koja su propala u lenosti titanskih želja, odbačenih iznutra, koje nisu mogle ni napolje da se izliju, koje su napunile dušu nadama, teskobom, zavetima bez ploda... i potom ništa." Macini je bio izgnanik, izgnanik iz večnosti. Kao što je to pre njega bio Dante, veliki izopštenik – i veliki oholnik; izopšteni i oholi bili su i Mojsije i sveti Pavle – a posle njih Viktor Igo. I svi oni, Mojsije, sveti Pavle, Dante, Macini, Viktor Igo, i toliki drugi, naučili su, izopšteni iz svoje otadžbine, ili tražeći je u pustinji, šta je to izgnanstvo iz večnosti. I tek u izgnanstvu iz Firence Dante je uspeo da vidi da je Italija ropkinja, da je gostionica bola.

Ai serva Italia di dolore ostello.

Što se tiče ideje da mog čitaoca romana, mog Huga de la Rasu nateram da kaže: „Da nisam lud?" moram priznati da mi je najveće poverenje da sam pri zdravom razumu došlo u trenucima kada sam, posmatrajući šta rade drugi i šta ne rade, slušajući šta govore i šta prećutkuju, na trenutak posumnjao da nisam lud.

Da je lud kaže se za onoga ko je izgubio razložnost. Razložnost, ali ne i istinu, jer ima ludaka koji govore istinu koju drugi prećutkuju jer nije ni razložno ni pametno da se ona kaže, pa zato velimo da su ludi. A šta je razložnost? Razložnost je ono u čemu se svi slažemo, svi, ili barem većina. Istina je nešto drugo, razložnost je društvena stvar; istina je, obično, potpuno individualna, lična i nesaopštiva. Razložnost nas spaja a istine nas razdvajaju.

Ali sada mi pade na um da je možda istina ono što nas spaja a razložnost ono što nas razdvaja. I da je sva ta mutna filosofija o razložnosti, istini i ludilu nastala usled stanja duha od kojeg se dobro pazim u trenucima najveće bistrine duha. A ovde, na granici, s pogledom na planine moje rodne zemlje, mada je moja borba postala žešća, duh mi se u suštini izbistrio. I ni na trenutak mi ne pada na um da sam lud. Jer ako se ustremim, možda izlažući opasnosti svoj život, na vetrenjače kao da su gorostasi, to je zato što znam da su to vetrenjače. Ali pošto ostali, oni koji sebe smatraju pametnima, veruju da su to gorostasi, treba ih razuveriti.

Ponekad, kad za sebe pomislim da sam junak iz priče i da pravim svoj roman, u kojem predstavljam samoga sebe pred samim sobom, desilo mi se da sanjam ili da su bezmalo svi drugi, naročito u mojoj Španiji, ludi, ili da sam ja lud, pošto ne mogu svi biti ludi, onda sam ja taj. I slušajući kako rasuđuju o mojim rečima, mojim spisima i mojim postupcima, pomislim: „Da ja možda ne izgovaram neke druge reči od onih koje čujem sebe kako govorim ili me čuju da izgovaram nešto drugo nego što govorim?" I onda se uvek prisetim lika Don Kihota.

Posle toga mi se desilo ovde, u Endaji, da naiđem na ubogog đavola koji priđe da me pozdravi, i reče mi da me u Španiji smatraju za ludog. Posle se ispostavilo da je taj policajac, i on mi je to sam priznao, kao i to da je bio pijan. A to nije baš isto što i lud.

Ovde moram ponoviti nešto za šta mislim da sam već rekao u vezi s gospodinom Don Kihotom, a to je da upitam kakva bi bila njegova kazna da je, umesto što je umro pošto je povratio razum, onaj što ga ima ceo svet, izgubivši tako svoju istinu, da je, umesto što je umro kako treba, ostao da živi još neku godinu. I desilo bi se da svi ludaci što ih je u to doba bilo u Španiji – a moralo ih je biti mnogo, jer je iz Perua upravo bila doneta užasna bolest – dođu da od njega traže pomoć, pa kad bi videli da im je on ne pruža, nagrdili bi ga na pasja kola i rekli mu da je komedijaš, izdajica i otpad-

nik. Jer ima cela gomila ludaka koji pate od manije go-
njenja, koja se pretvara u maniju proganjanja, i ti luda-
ci počinju da proganjaju Don Kihota kad on neće da
progoni njihove navodne progonitelje. Ali šta li sam to
učinio ja, Don Kihote moj, pa da ovako postanem ma-
gnet za ludake koji misle da ih neko proganja? Zašto su
se na mene navrzli? Zašto me zasipaju hvalama kad će
me na kraju zasuti pogrdama?

Tom istom Don Kihotu desilo se da, pošto je oslo-
bodio iz ruku stražara Svetoga Bratstva galijaše koje su
vodili na robiju, ti isti galijaši njega kamenuju. I makar
znao da će me jednoga dana galijaši možda kamenova-
ti, ne odustajem od svoje namere da se borim protiv
moći stražara sadašnjeg Svetog Bratstva u mojoj Špani-
ji. Ne mogu da podnesem, pa makar mi se to uzelo za
ludost, da se dželati uzdignu u sudije i da cilj vlasti, a to
je pravda, bude ugušen u onome što se zove princip
autoriteta, a to je princip vlasti, odnosno onoga što zo-
vu red. Niti mogu da podnesem da izmožđeno i osiro-
mašeno građanstvo u paničnom strahu – nepromišlje-
nom – od komunističkog požara – što je noćna mora
onih koji su poludeli od straha – predaje kuću i imanje
vatrogascima koji je razbucaju još i više nego sam po-
žar. I to, kad se ne dešava ono što se dešava sada u Špa-
niji, to jest da sami vatrogasci izazivaju požare kako bi
živeli od njihovog gašenja.

Vratimo se još jednom romanu o Hugu de la Rasi,
romanu o njegovom čitanju romana, romanu o čitaocu
[o delatnom čitaocu, čitaocu za koga čitati znači živeti
ono što čita]. Kada se sledećeg jutra probudio, na svom
ležaju duhovne agonije, zatekao je sebe smirenog, us-

tao, i na trenutak osmotrio pepeo kobne knjige svoga života. I taj pepeo mu se učinio, poput voda Sene, kao neko novo ogledalo. Ponovo se javila muka: kako li će se priča završiti? Pa je otišao na dokove Sene da potraži još jedan primerak znajući da ga neće naći i zašto ga neće naći. I patio je što ne može da ga nađe; smrtno je patio. Odlučio je da krene na putovanje po ovim Božijim svetovima; možda će ga Ovaj zaboraviti, ostaviti mu njegovu priču. I na trenutak je otišao u Luvr, da posmatra Milosku Veneru, kako bi se oslobodio one opsesije, ali mu se Miloska Venera učinila kao Sena i kao pepeo knjige koju je spalio, još jedno ogledalo. Odlučio je da ode, da pođe da posmatra planine i more, i nepomične arhitektonske obale. I pritom je sebi govorio: „Kako li će se završiti ova priča?"

To je nešto od onoga što sam sebi govorio dok sam zamišljao ovaj odeljak moje knjige: „Kako li će se završiti ova priča o Direktorijumu i kakva li će biti sudbina španske monarhije i Španije?" I gutao sam – kao što i dalje gutam – novine, i iščekivao pisma iz Španije. I pisao one stihove iz LXXVIII soneta u mojoj knjizi *Od Fuenterabije do Pariza*:

> *Pošto je Revolucija komedija*
> *Koju je Gospod izmislio protiv čamotinje.*

Jer, nije li od čamotinje sačinjena teskoba istorije? A u isto vreme sam mučio istu muku kao i moji sunarodnici.

Savršeno sam svestan onih osećaja koje je Macini izrazio u pismu upućenom Judit, iz Berna, 2. marta 1835: „Svojim bih prezirom i svojim demantijima, kada bih se prepustio ličnim sklonostima, smoždio ljude koji govore mojim jezikom, ali bih svojim gađenjem i svojom osvetom smoždio i stranca koji bi sebi dopustio da to preda mnom nasluti." Savršeno pojmim njegovu „srditu ogorčenost" na ljude, a naročito na sunarodnike, na one koji su ga onako slabo razumeli i procenili. Koliko je samo velika bila ona „ogorčena duša", dvojnica duše Dantea, drugog velikog prokaženika, drugog velikog ogorčenika!

Nema načina da se bolje pogodi, da se bolje prorekne kako će se sve to završiti, tamo u mojoj Španiji; niko ne veruje u ono što govori da jeste njegovo; socijalisti ne veruju u socijalizam, niti u klasnu borbu, niti u gvozdeni zakon plata i druge marksističke simbole; komunisti ne veruju u *communio* kao zajednicu [a još manje kao pričešće]; konzervativci ne veruju u konzervaciju, niti anarhisti u anarhiju.

Vratimo se romanu o mome Hugu de la Rasi, o mome čitaocu romana o njegovom čitanju, mojem romanu.

Nameravao sam da ga povedem na putovanje van Pariza, u potragu za zaboravom istorije; on bi tu lutao, tumarao progonjen pepelom knjige koju je spalio, i zastajkivao da posmatra vode reke, pa čak i mora. Nameravao sam da ga teram da se šeta, prožet teskobom zbog istorije, duž kanala u Ganu i u Brižu, ili u Ženevi, duž Lemanskog jezera, i da, melanholičan, pređe most u Lucernu koji sam i ja prešao, ima tome trideset i šest godina, kada mi je bilo dvadeset i pet. U svoj bih roman stavio uspomene sa svojih putovanja, govorio bih o Ganu i o Ženevi i o Veneciji i o Firenci i... po dolasku u neki od tih gradova moj bi siroti Hugo de la Rasa prišao nekom kiosku s knjigama i naleteo bi na drugi primerak one kobne knjige, i sav uzdrhtao bi je

kupio i poneo u Pariz u nameri da nastavi čitanje dok
mu radoznalost ne bude zadovoljena, dok ne bude mo-
gao da predvidi kraj i ne stigavši do njega, dok ne bi
mogao da kaže: „Sad se već nazire kako će se ovo završ-
iti."

[Dok sam ovo pisao u Parizu, ima tome sad već bez-
malo dve godine, nije mi moglo pasti na pamet da svo-
ga Huga de la Rasu povedem u šetnju po drugim me-
stima osim po Ganu i Ženevi i Lucernu i Veneciji i
Firenci... Danas bih ga poveo da se šeta ovom idilič-
nom francuskom Baskijom koja slasti slatke Francuske
pripaja preslatku oporost moje Vaskonije. Išao bi duž
pitomih obala skromne Nivelje, preko krotkih sma-
ragdnih livada, kraj Askaina, i u podnožju Laruna – što
je još jedna izvedenica od reči *larra*, pašnjak – gladio bi
pogledom umirujuće zelenilo rodnih polja, nabreklih
od hiljadugodišnje tihe tradicije, polja koja donose za-
borav na varljivu istoriju; prolazio bi kraj onih starih
kućeraka koji se ogledaju u vodama mirne reke; slušao
bi tišinu ljudskih ponora.

Doveo bih ga do San Huana Pje de Puerta, iz kojeg
je onaj jedinstveni doktor Uarte de San Huan koji je
napisao *Ispitivanje umova*, u San Huan Pje de Puerto,
odakle se Nive spušta do San Huana de Lusa. I tamo,
u starom navarskom gradiću, jedno vreme španskom, a
danas francuskom, sedeći na kamenoj klupi u Ejalabe-
riju, umotan u okolni mir, slušao bi večni žubor Niva.
Otišao bi da gleda reku dok prolazi ispod mosta koji
vodi u crkvu. I okolna polja bi mu govorila na baskij-
skom, na detinjem euskera, govorila bi mu detinjasto,
tepajući u miru i poverenju. A pošto bi mu se pokvario
časovnik, otišao bi kod časovničara koji bi mu, kada bi
izjavio da ne zna baskijski, rekao da jezik i vera razdva-

jaju ljude. Kao da Hristos i Buda nisu Bogu govorili jedno te isto, samo na dva različita jezika.

Moj Hugo de la Rasa zamišljeno bi švrljao onom ulicom Sijudadela što se od crkve penje ka zamku, Vobanovom delu, gde je većina kuća iz vremena pre Revolucije, onih kuća u kojima je spavalo tri veka. Tom ulicom ne mogu da se penju, Bogu hvala, automobili kolekcionara kilometara. I tamo, u toj ulici mira i spokoja, posetio bi *la prison des evesques*, zatvor biskupa iz San Huana, tamnicu Inkvizicije. Iza njega, stare zidine koje štite baštice u kavezima. A stari zatvor je iza, obrastao bršljanom.

Zatim bi moj siroti tragični čitalac išao da posmatra vodopade koje pravi Nive i da sluša kako one vode koje nijednog trenutka nisu iste, stvaraju nešto nalik na bedem. Bedem koji je ogledalo. I to ogledalo koje je istorijsko. Pa bi produžio, nizvodno, ka Ijartlizu, zastavši pred onom kućom na čijem dovratku se može pročitati:

Vivons en paix
Pierre Ezpellet
Et Jeane Iribar
ne. Cons. Année 8ᵉ
1800

I pomislio bi na život u miru – živimo u miru! – Pedra Espelete i Huane Iribarne dok je Napoleon ispunjavao svet tutnjavom svoje istorije.

Zatim bi moj Hugo de la Rasa, željan da napoji oči zelenim brdima svoje otadžbine, otišao do mosta Arnegi, na granici između Francuske i Španije. Tuda, preko tog beznačajnog i bednog mosta, drugoga dana Poklada godine 1875. prešao je pretendent don Karlos od Burbona i Esta, za karliste Karlos VII, kada se završio

prethodni građanski rat. A mene su otrgli od moje ku-
će da bi me bacili u Fuerteventuru kao mesto prisilnog
boravka na isti dan, 21. februara 1924, kada sam pede-
set godina ranije čuo kako kraj moje rodne kuće u Bil-
bau pada jedna od prvih bombi koje su karlisti bacili na
moj grad. I tu, na skromnom mostu Arnegi, Hugo de
la Rasa bi mogao primetiti kako seljaci koji žive u tom
kraju više ništa ne znaju o Karlosu VII, koji ga je pre-
šao govoreći, lica okrenutog prema Španiji: „Vratiću
se, vratiću se!"

Tuda, preko tog istog mosta ili blizu njega, morao
je proći i Karlo Veliki iz legende; odatle se vide Ronse-
svali, gde je odjekivala Orlandova truba – tada nije bio
Mahniti Orlando – koja danas ćuti među onim plete-
rom od senki, tišine i mira. I Hugo de la Rasa bi sjedi-
nio u svojoj mašti, u onoj našoj svetoj mašti koja stapa
vekove i zemaljska prostranstva, koja od vremena tvori
večnost i od poljana beskonačnost, sjedinio bi Karlosa
VII i Karla Velikog. A s njima i sirotog Alfonsa XIII i
prvog Habzburgovca u Španiji, Cara Karla Prvog od
Španije i Petog od Nemačke, sećajući se kako je on,
Hugo, posetio Juste i, pošto nije imao drugog ogleda-
la osim vode, posmatrao ribnjak gde kažu da je car, s
balkona, pecao linjake. I uz Karlosa VII Pretendenta i
Karla Velikog, Alfonsa XIII i Karlosa I, ukazala bi mu
se zagonetna bleda senka princa don Huana, koji je
umro od sušice u Salamanki pre nego što je uspeo da se
popne na presto, bivši budući don Huan III, sin Kato-
ličkog kralja i kraljice, Fernanda i Izabele. I Hugo de la
Rasa, razmišljajući o svemu tome, idući preko mosta
Arnegi u San Huan de Pje de Puerto, govorio bi sebi:
„I kako li će se sve ovo završiti?"]

Ali prekidam ovaj roman kako bih se vratio dru-
gom. Ovde gutam vesti koje mi stižu iz moje Španije,

naročito one koje se tiču pohoda na Maroko, pitajući se da li će mi njegov ishod dozvoliti da se vratim u svoju otadžbinu, da tamo pravim svoju i njegovu povest; da odem da tamo umrem. Da umrem tamo i da budem sahranjen u pustinji...

A da nisu u ponečem u pravu? Zar možda nisam na ivici da žrtvujem svoje intimno, božansko, istorijsko ja, ono koje se kreće u njegovoj povesti i s njegovom povešću? Zašto tako tvrdoglavo ne želim da ponovo uđem u Španiju? Nisam li nadahnut da sam sebi stvorim svoju legendu, onu koja me sahranjuje, osim one koju drugi, moji prijatelji i neprijatelji, stvaraju za mene? Ako sam sebi ne stvorim svoju legendu, umirem do kraja. I ako je stvorim, opet umirem.

Judit Sidoli, pišući svom Đuzepeu Maciniju, govorila mu je o „osećanjima koja se pretvaraju u nuždu", o „radu iz materijalne nužde dela, iz taštine", i veliki prokaženik se okrenuo protiv tog suda. Malo kasnije u drugom pismu – iz Grenhena, od 14. maja 1835. godine – pisao je: „Ima časova, svečanih časova, časova koji me bude prevalivši i deset godina, u kojima *vidim nas*; vidim svoje srce i srce drugih, ali odmah zatim... vraćam se iluzijama poezije." Macinijeva poezija bila je povest, njegova povest, povest Italije, koja mu je bila majka i ćerka.

Hipokrit! Jer ja, koji sam po profesiji pečalbar helenista – oko neke katedre za grčki Direktorijum je napravio komediju i oteo mi je ostavljajući je za mene – znam da hipokrit znači glumac. Hipokrit? Ne! Moja uloga je moja istina, a ja moram da živim svoju istinu, koja joj je život.

Sad igram ulogu prokaženika. Čak i nemar i neurednost moje osobe, čak i moja upornost da ne menjam odelo, da ne sašijem sebi novo, delimično su uslovljeni – uz pomoć izvesne sklonosti škrtičluku koja me je oduvek pratila i za koju, kada sam sam, daleko od porodice, nema protivteže – uslovljeni su ulogom koju igram. Kad mi je žena došla u posetu, zajedno s moje tri ćerke, u februaru 1925, pobrinula se za moje rublje, obnovila mi odela, snabdela me novim čarapama. Sad su već sve bušne, raspale se, možda zato da bih mogao sebi da kažem ono što je Don Kihote, moj Don Kihote, kazao sebi kada je video da su mu otišle petlje na čarapama, a to je bilo: „O, sirotinjo, sirotinjo!" uza sve ono što sledi i što sam s onoliko strasti komentarisao u svom *Životu Don Kihota i Sanča*.

Da li ja to igram komediju, čak i za svoje? Ali ne! Moj život i moja istina jesu moja uloga. Kad me proteraše a da mi nije rečeno – i dalje to ne znam – koji je razlog ili makar izgovor pod kojim sam prognan, tražio sam od svojih, od svoje porodice, da niko od njih ne pođe sa mnom, da me puste da odem sam.

Tražio sam da me puste samog, i da me istinski shvate i vole – na kraju krajeva, oni su moji, i ja sam njihov – i pustili su me samog. I onda, na kraju mog progonstva na ostrvo, pošto je moj najstariji sin došao sa ženom da mi se pridruži, predstavljena mi je neka dama – koju je pratila, možda zato da bi pazila na nju, njena ćerka – koja me je bezmalo isterala iz kože svojim epistolarnim proganjanjem. Možda je htela da mi stavi do znanja kako je došla da sa mnom radi ono što moji, moja žena i deca, nisu učinili. Ta dama je žena od knjige, a moja žena, mada dobro piše, to nije. Ali zar me ta žena od knjige, zabrinuta za svoje ime i možda u želji da ga sjedini s mojim, voli više od moje Konće, majke moje osmoro dece i moje istinske majke? Moje istinske majke, tako je. U trenutku vrhunske, bezdane teskobe, kada me je ugledala u kandžama Anđela Ništavila, kako plačem natčovečanskim plačem, povikala mi je iz dubine svoje materinske, nadljudske, božanske utrobe, bacivši mi se u naručje: „Sine moj!" Tada sam otkrio sve što je Bog učinio za mene kroz tu ženu, majku moje dece, moju devičansku majku, koja nema drugi roman osim mog romana, nju, moje ogledalo svete božanske nevinosti, večnosti. Zato me je ostavio samog na mom ostrvu dok je ona druga, žena od knjige, žena iz svog romana ali ne i iz mojeg, došla da mene potraži uzbuđenja, pa čak i bioskopski film.

Ali sirota žena od knjige tražila je ono što je tražila, ono što traži svaki pisac, svaki povesničar, svaki romansijer, svaki političar, svaki pesnik: da živi u trajnoj i neprekidnoj povesti, da ne umre. Ovih dana čitao sam Prusta, prototip pisaca i usamljenika i, kakva je samo tragedija njegova samoća! Ono što ga muči, što mu omogućuje da istražuje ponore ljudske tragedije, jeste njegov osećaj smrti, ali smrti u svakom trenutku, oseća kako umire iz trenutka u trenutak, kako secira leš svoje duše, i to kako samo brižljivo! U potrazi za izgubljenim vremenom! Vreme se uvek gubi. Ono što se zove dobijanje vremena, i to je gubljenje. Vreme: eto tragedije.

„Poznajem onaj bol umetnika kojima se bave umetnici: oni su senka bola, a ne njegovo telo", pisao je Macini svojoj Judit 2. marta 1835. godine. A Macini je bio umetnik; ni manje ni više nego umetnik. Pesnik, i kao političar, pesnik, ništa više nego pesnik. Senka bola, a ne telo. Ali u tome je suština romaneskne tragedije, tragičnog romana povesti: bol je senka, a ne telo; najbolniji bol, onaj koji ume da iz nas iščupa krike i suze Božije jeste senka dosade: vreme nije telesno. Kant je govorio da je to apriorni oblik čulnosti. Kakav je samo život san...! Bez buđenja?

[I čitam ovaj broj ovde, u mojim planinama koje je Gongora nazvao „Pirineja pepeo zeleni" (*Samoće*, II, 759) i vidim da ti mladi ljudi „Okeana mnogo, vode malo uzmu" (II, 75). A okean bez vode je možda čista ili kulteranistička poezija. Ali, na kraju krajeva, „i glas krvi, i krv su od duše" (*Samoće*, II, 119) ove moje uspomene, ova moja priča o tome kako se pravi roman.

I pogledajte kako ja, koji osećam odvratnost prema gongorizmu, za koji ne smatram da je poezija, to jest, kreacija, odnosno akcija, gde nema pasije, gde nema tela i mesa ljudskog bola, gde nema krvavih suza, puštam da me osvoji ono najužasnije, ono najantipoetičnije gongorizmu, a to je erudicija. „Nije gluvo more; učenost nas vara" (*Samoće*, II, 172), pisao je, a ne promišljao, Gongora, i tu se prenemaže. Bio je erudita, profesor poezije, taj klerik iz Kordobe... prokleta je to služba!

A do svega ovoga me je dovelo ono Macinijevo o bolu umetnika, pomešano s poštom koju mladi španski kulteranisti odaju Gongori. Ali Macini, onaj koji kaže „Bog i Narod!", bio je patriota, bio je građanin, bio je građanski čovek; da li su to i ovi mladi kulteranisti? I sad primećujem našu veliku grešku što smo postavili kulturu iznad civilizacije, ili bolje, iznad civilnosti. Ne, ne: pre i iznad svega, civilnost!]

I evo gde se poslednji put vraćamo povesti našeg Huga de la Rase.

A taj bi, čim bih ga vratio u Pariz zajedno s kobnom knjigom, postavio sebi jezivi problem da završi čitanje romana koji se pretvorio u njegov život i da umre kada ga završi ili da se odrekne čitanja i da živi, da živi, pa sledstveno tome, i da umre. Jedna ili druga smrt; u povesti ili izvan povesti. I učinio bih da on sve te stvari kaže u monologu koji je samo način da sam sebi dade život:

„Ali ovo nije ništa drugo nego ludilo... Autor ovog romana se poigrava sa mnom... Ili sam ja taj koji se poigrava samim sobom? I zašto treba da umrem kad pročitam ovu knjigu i kada autobiografski lik umre? Zašto ne bih nadživeo samog sebe? Nadživeo sebe i pregledao svoj leš. Nastaviću malo da čitam dok onom ubogom đavolu ne preostane samo malo života, i onda, kad bude predvideo svoj kraj, živeću misleći da i njega činim živim. Kad je don Huan Valera, već star, oslepeo, nije dozvolio da ga operišu i rekao je: „Ako me operišu, mogu da ostanem zauvek slep, do kraja života, bez nade da će mi se vid povratiti, a ako ne dozvolim da me operišu, mogu stalno da živim s nadom da bi me operacija izlečila." Ne, neću dalje da čitam; ostaviću knjigu nadohvat ruke, kraj uzglavlja kreveta, dok spavam, i razmišljaću kako bih to mogao da učinim kada bih hteo, ali je neću čitati. Hoću li moći tako da živim? U svakom slučaju, moram umreti, jer ceo svet umire..." (Španska narodna izreka kaže da svaki bog umire...)

I za to vreme bi Hugo de la Rasa nastavio da čita knjigu, ne završavajući je, čitajući je veoma polako, veoma polako, slog po slog, sričući je, zastajući svaki put jedan red dalje nego u prethodnom čitanju kako bi ga iznova započeo. A to je kao da pođe po stotinu kornjačinih koraka napred i vrati se devedeset i devet nazad, ponovo krene napred i ponovo se vrati uvek u jednakoj srazmeri i uvek u strahu od poslednjeg koraka.

Ove reči koje bih stavio u usta mome Hugu de la Rasi, a to su: da ceo svet umire (ili na narodnom španskom, svaki bog umire) jeste jedna od najvulgarnijih stvari koje se mogu reći, najopštije od svih opštih mesta, i zato, najparadoksalniji od svih paradoksa. Dok smo učili logiku, primer za silogizam koji su nam davali bio je: „Svi ljudi su smrtni; Petar je čovek, dakle, Petar je smrtan." A bio je tu i onaj antisilogizam, onaj ilogični: „Hristos je besmrtan; Hristos je čovek, dakle, svaki čovek je besmrtan."

[Ovaj antisilogizam čiju glavnu premisu čini individualni, a ne univerzalni ili partikularni termin, ali koji dostiže najveću univerzalnost, jer ako je Hristos vaskrsnuo, svaki čovek može da vaskrsne, ili kao što bi se na narodskom španskom reklo, može da vaskrsne svaki hristos, ovaj antisilogizam nalazi se u osnovi onoga što sam nazvao tragičnim osećanjem života i čini esenciju agonije hrišćanstva. A sve to zajedno čini božanstvenu tragediju.

Božanstvena tragedija! A ne kao što je Dante, onaj srednjovekovni vernik, gibelinski prokaženik, nazvao svoju: Božanstvena komedija. Danteova je bila komedija, a ne tragedija, zato što u njoj nije bilo nade. U dvadesetom pevanju *Raja* postoji jedan tercet koji nam pokazuje svetlost što blista nad tom komedijom. To je tamo gde kaže da nebesko carstvo trpi silu – prema izreci iz Jevanđelja – tople ljubavi i žive nade koja savlađuje božansku volju:

> *Regnum coelorum violenza pate*
> *De caldo amore, e da viva speranza,*
> *Che vince la divina volontate.*

I to je više od čiste poezije ili kulteranske erudicije.

Živa nada pobeđuje božansku volju! Verovati u to zaista jeste vera, i to poetska vera! Onaj ko se čvrsto nada, pun vere u svoju nadu, da neće umreti, taj i neće umreti...! A u svakom slučaju, Danteovi prokletnici žive u povesti, pa tako njihovo prokletstvo nije tragično, ne pripada božanstvenoj tragediji, nego komici. Nad njima se i uprkos njihovom prokletstvu osmehuje Bog...]

Vulgarnost! Pa ipak, najtragičniji odeljak Macinijeve tragične prepiske jeste onaj pod datumom 30. juni 1835, u kojem kaže: „Ceo svet umire: Romanjozi je umro, umro je Pekio, i Vitoreli, za koga sam odavno mislio da je mrtav, upravo je umro." I možda je Macini jednoga dana rekao sebi: „Ja, za koga sam mislio da sam mrtav, sada ću umreti." Kao Prust.

Šta ću s mojim Hugom de la Rasom? Pošto je ovo što pišem, čitaoče, istinski roman, istinska poema, kreacija, i sastoji se u tome da ti kažem kako se pravi a ne kako se priča roman, istorijski život, nema razloga da udovoljim tvom feljtonističkom i frivolnom zanimanju. Svaki čitalac koji se čitajući roman brine da sazna kako će završiti njegovi junaci a ne brine se da sazna kako će završiti on sam, ne zaslužuje da njegovoj radoznalosti bude udovoljeno.

Što se tiče mojih bôla, koji su možda neuzrecivi, kažem ono što je Macini 15. jula 1835. pisao iz Grenhena svojoj Judit: „Danas moram da ti kažem, kako ti ne bi kazala, pošto moji bôli pripadaju poeziji, kako je ti nazivaš, da su zaista takvi već neko vreme..." A u drugom pismu, od 2. juna iste godine: „Sve ono što im je čudno nazivali su poezija; pesnika su nazivali ludakom dok ga zaista nisu pretvorili u ludaka; pretvorili su u ludaka Tasa, počinili su Četertonovo i druga samoubistva; ustremili su se čak i na mrtve, na Bajrona, Foskola, i druge, zato što nisu sledili njihove puteve. Neka na njih padne prezir! Patiću, ali ne želim da se odreknem svoje duše; ne želim da postanem zao kako bih im udovoljio, a postao bih zao, veoma zao, kada bih iz sebe iščupao ono što nazivaju poezija, zato što je, usled toga što ljudi prostituišu ime poezije *hipokrizijom*, u sve počelo da se sumnja. Ali za mene, koji vidim i imenujem stvari na svoj način, poezija je vrlina, ona je ljubav, milosrđe, nežnost, rodoljublje, nezaslužena nesreća, to si ti, tvoja majčinska ljubav, ona je sve ono sveto što postoji na zemlji..“ Ne mogu dalje da slušam Macinija. Kad ovo pročita, čitaočevo srce čuje kako pada crno nebo, kroz oblake nagomilane u oluju, krike orla ranjenog u letu dok se kupao u sunčevoj svetlosti.

Poezija! Božanstvena poezija! Uteha koja je ceo život! Da; poezija je sve to. Ona je i politika. Drugi veliki prokaženik, nesumnjivo najveći od svih prokazanih građana, gibelin Dante, bio je i jeste i ostaje veoma uzvišen i veoma dubok, suvereni pesnik i političar i vernik. Politika, religija i poezija bili su u njemu i za njega jedna te ista stvar, intimno trojstvo. Njegovo građanstvo, njegova vera i njegova mašta učinili su ga večnim.

[A sad, u broju *Gasete literarije* u kojoj mladi kulteranisti Španije odaju poštu Gongori, koji sam upravo primio i pročitao, jedan od tih mladića, Benhamin Harnes, u člančiću kulteranski naslovljenom „Još jedno mlaćenje slame i ceđenje sokova“, kaže nam kako „Gongora ne priziva lažnu vatru plavičaste fantazije, niti treperavi plamen strasti, nego večitu svetlost smirene inteligencije.“ I to ti intelektualci zovu poezija? Poezija bez vatre fantazije i plamena strasti? E, pa nek se najedu hleba umešenog od tog mlaćenog zlata! Pa onda dodaje kako Gongora nije imao nameru da ponavlja neku lepu priču, nego da izmisli lep jezik. Ali zar postoji jezik bez priče i lepota jezika bez lepote priče?

Ceo taj omaž Gongori, zbog okolnosti u kojima je napravljen, zbog sadašnjeg stanja moje sirote otadžbine, izgleda mi kao prećutna počast ropstvu pod tiranijom, ropski čin, i kod nekih, ne kod svih – razume se! – čin prosjačenja. I sva ta poezija koju slave nije ništa drugo nego laž. Laž, laž, laž...! Sam Gongora bio je lažljivac. Čujte kako počinje svoje *Samoće* onaj koji je rekao da „učenost zavarava". Ovako:

> *Beše to doba godine cvetno*
> *U kojem lažljivi kradljivac Evrope...*

Lažljivi! Lažljivi? Zašto je smatrao da je obavezan da nam kaže da je to što je Jupiter ukrao Evropu pretvoren u bika bila laž? Zašto je kulteranski erudita smatrao da je obavezan da nam stavi do znanja da su njegove fikcije laži? Laži, a ne fikcije. I taj kulteranski umetnik, koji je bio klerik, sveštenik Rimske apostolske katoličke crkve, da li je verovao u Hrista, kome se javno klanjao? I dok je sasluživao pri svetoj službi, zar i tada nije bio kulteran? Ja ostajem pri Danteovoj fantaziji i strasti.]

Postoje nesrećnici koji mi savetuju da napustim politiku. Ono što oni s glumljenim prezirom, koji nije ništa drugo nego strah, strah evnuha ili impotentnih ili mrtvaca, nazivaju politika, i uveravaju me da bih se morao posvetiti svojoj katedri, svojim proučavanjima, romanima, pesmama, svom životu. Ne žele da znaju da moja predavanja, moja proučavanja, romani, pesme, jesu politika. Da se danas, u mojoj otadžbini, radi o borbi za slobodu istine, a to je vrhunska pravda, o borbi da se istina oslobodi od najgore diktature, one koja ne diktira ništa, od najgore tiranije, tiranije gluposti i nemoći, tiranije čiste i bescilje sile. Macini, Danteov najmiliji sin, od svog života napravio je pesmu, roman mnogo poetičniji od Manconijevih, D'Aceljovih, Grozijevih i Gveracijevih romana. I najveći i najbolji deo Lamartinove i Igoove poezije došao je otuda što su oni bili pesnici isto koliko i političari. A pesnici koji se nikad nisu bavili politikom? To bi trebalo ispitati izbliza, a u svakom slučaju

non raggionam di lor, ma guarda e passa.

A ima i drugih, još gorih, intelektualaca po antonomaziji, tehničara, znalaca, filosofa. Dana 28. juna 1835, Macini je pisao Judit: „Što se mene tiče, napuštam sve i vraćam se u svoju individualnost, nabijen gorčinom zbog svega onoga što najviše volim, odvratnošću prema ljudima, prezirom prema onima koji skupljaju kukavičluk iz ostataka filosofije, pun ponosa pred svima, ali i bola i žalosti pred samim sobom, i pred sadašnjošću i budućnošću. Neću više dizati ruke iz blata doktrine. Neka prokletstvo moje otadžbine, iz koje će nići budućnost, padne na njih!"

Tako neka bude! Tako neka bude, kažem ja, za znalce, za filosofe koji se hrane u Španiji i od Španije, one koji ne žele krike, koji ne žele da se sa osmehom primi pljuvanje zlobnika, one koji se pitaju šta da se radi sa slobodom. Oni? Oni... bi je prodali. Prostituti!

Vratiću se još jednom, posle onog poslednjeg puta, pošto sam već rekao da mu se više neću vraćati, mome Hugu de la Rasi. Pitao sam se da li bi, izjedan svojom kobnom teskobom, stalno imajući pred očima i nadohvat ruke proročku knjigu i ne usuđujući se da je otvori i nastavi da čita iz nje kako bi na taj način produžio agoniju koju je predstavljao njegov život, upitao sam se ne bih li ga naterao da pretrpi napad hemiplegije ili neku drugu nesreću iste vrste. Da li ga ne bih naterao da izgubi volju i pamćenje, ili u svakom slučaju želju za životom, tako da bi zaboravio na knjigu, na roman, na sopstveni život, i zaboravio na samog sebe. To je još jedan način da se umre i pre vremena. Ako uopšte postoji neko vreme za umiranje i ako može da se umre van njega.

To rešenje su mi sugerisali portreti sirotog Frankosa Rodrigesa, novinara, starog republikanca, a potom Don Alfonsovog ministra, poslednji koje sam video. Hemiplegičan je. Na jednom od tih portreta prikazan je kako izlazi iz Palate, u društvu Orasija Ećevarijete, pošto se sreo s kraljem kako bi ga pozvao da položi kamen temeljac Kuće štampe, čijeg udruženja je Frankos predsednik. Drugi ga prikazuje tokom svečanosti kojoj je prisustvovao kralj, i to pored njega. Njegovo lice odražava strah ispražnjen u telo. I setio sam se onog drugog jadnika, don Gurmensinda Askaratea, takođe republikanca, koga su već kao invalida i mucavog prevozili u Palatu kao živi leš. I tokom svečanosti polaganja kamena temeljca u Kući štampe, Primo de Rivera je održao govor u slavu Pi i Margalja, doslednog republikanca tokom celog života, koji je umro sačuvavši sve svoje građanske sposobnosti, koji je umro za života.

Razmišljajući o tom razrešenju koje bih mogao dati romanu o mom Hugu de la Rasi, da li bi umesto da ga odradi pokušao da ga ispriča, setio sam se žene i dece i pomislio da neću umreti kao siroče, da će tu biti oni, moji sinovi, moji očevi, i one, moje kćeri, moje majke. I ako se jednoga dana strah od budućnosti isprazni u telo moga lica, ako izgubim volju i pamćenje, oni, moji sinovi i kćeri, moji očevi i majke, neće trpeti da mi drugi odaju i najmanju počast niti da mi osvetoljubivo praštaju, neće trpeti da ovaj tragični mahnitaš, da ovo čudovište taštine koje je jednoga dana napisalo da mi želi da ostanem bez svake strasti i patnje – to jest, da budem mrtav – govori pohvale na moj račun. I ako je to komedija, onda je kao ona Danteova, božanstvena komedija.

[Dok ovo ponovo čitam, dok ponovo pišem o tome, shvatam, kao čitalac samoga sebe, koliko će žalosne posledice ostaviti to što ne želim da mi oproste. To je neka luciferska i bezmalo satanska taština, to je nešto što se ne slaže s onim „i oprosti nam dugove naše kao što i mi opraštamo dužnicima svojim". Jer ako opraštamo svojim dužnicima, zašto i nama ne bi oprostili oni kojima mi nešto dugujemo? A da sam ih u jeku borbe uvredio, to se ne može poreći. Ali zatrovalo mi je hleb i vino duše to što sam video kako nameću nepravične, nezaslužene kazne, samo pod prividom pomilovanja. U onome što nazivaju kraljevskim prerogativom pomilovanja najodvratnije je to što je u mnogo navrata – o nekima imam neposrednog iskustva – kraljevska moć izvršila nasilje nad sudovima, ucenjivala ih kako bi nepravedno osudili, s jednim jedinim ciljem, zato da bi potom mogla da udeli zlobno pomilovanje. Od toga zavisi i besmislena težina kazne kojom se kažnjava navodni zločin uvrede kralja, povređenog veličanstva.]

Pretpostavljam da će se poneki čitalac, pročitavši ovu ciničnu ispovest koju će možda nazvati bestidnom, ovu ispovest na način Žan-Žaka, pobuniti protiv mog učenja o božanstvenoj komediji, ili tačnije o božanstvenoj tragediji, i naljutiti se, govoreći da ja samo igram ulogu, da ne razumem patriotizam, da komedija mog života nije ozbiljna. Ali tog ljutitog čitaoca u stvari ljuti to što mu pokazujem da je i on, sa svoje strane, komični lik, lik iz romana, i ništa manje nego lik koji hoću da stavim usred sna o njegovom životu. Neka on od sna, od svog sna, napravi život, i naći će spas. I pošto ne postoji ništa osim komedije i romana, neka misli na to da je ono što mu se čini kao vanscenska stvarnost u stvari komedija o komediji, roman o romanu, da je no-umen koji je izmislio Kant nešto najpojavnije što može postojati, a supstanca ono najformalnije. Dno i suština stvari jeste njena površina.

I sad, zašto bi se roman o Hugu završavao? Ovaj ro-man, kao uostalom i svi koji se prave a da čoveku nije dovoljno da ih ispriča, strogo uzevši se ne završavaju. Ono završeno, savršeno, jeste smrt, a život ne može da umre. Čitalac koji traži završene romane ne zaslužuje da bude moj čitalac; on je završio i pre nego što me je čitao.

Čitalac koji voli čudnovate smrti, sadista u potrazi za ejakulacijama senzibilnosti, onaj koji čitajući *Šagrin-sku kožu* oseća kako gubi svest u pohotnom grču kada Rafael doziva Polinu, „Polina, dođi!... Polina" – i nešto dalje: „Volim te, obožavam te, želim te..." – i gleda je kako se kotrlja preko njegovog kanabeta polugola, i že-li je u svojoj agoniji, koja jeste sama njegova želja, kroz prigušene zvuke svog samrtnog hropca, i kada ugrize Polinu za dojku i kad ona umre čvrsto ga grleći, taj bi čitalac voleo da mu ja na sličan način dam kraj agonije mog protagoniste, ali ako on tu agoniju nije osetio u samom sebi, zašto bih ja dalje pričao? Osim toga, po-stoje i potrebe kojima ne želim da se povinujem. Neka se snađe sam, kako zna i ume, sam i samotan!

Uprkos tome će me neki čitalac opet pitati: „Pa do-bro, kako završava taj čovek? Kako ga povest guta?" A kako ćeš ti završiti, čitaoče, ako si, kada završiš čitanje, samo čitalac; a ako si čovek, čovek kao ja, to jest, ko-medijant i autor samoga sebe, onda ne smeš da čitaš iz straha da ćeš zaboraviti na sebe.

Priča se kako je neki glumac ubirao velike aplauze kad god bi hipokritski izvršio samoubistvo na sceni, a kada je onaj jedini, i poslednji put kada je to učinio teatralno, ali istinito, to jest, kada više nije mogao da nastavi ni s kakvim predstavama, jer se ubio istinski, što se ono kaže, istinski, tada su ga izviždali. I bilo bi još tragičnije da su mu se smejali ili osmehivali. Smeh! Smeh! Ponorna tragična pasija našega gospoda Don Kihota! I ona Hristova. Izazvati smeh agonijom: „Ako si ti car judejski, pomozi sam sebi" (Luka, 23 : 37).

„Bog nije sposoban za ironiju, i ljubav je previše sveta stvar, stvar previše čista u našoj prirodi da bi nam došla od Njega. Zato, dakle, ili poreći Boga, što je apsurdno, ili verovati u besmrtnost." Tako je iz Londona pisao svojoj majci – svojoj majci! – Macini u agoniji – čudesan je on u svojoj agoniji! – 26. juna 1839, trideset i tri godine pre svoje konačne zemaljske smrti. A ako istorija nije ništa drugo nego smeh Boga? I svaka revolucija, jedan od njegovih grohota? Grohota koji odzvanjaju kao grmljavina dok božanske oči suze od smeha.

U svakom slučaju, uostalom, ne želim da umrem samo zato da bih udovoljio izvesnim neizvesnim čitaocima. A ti, čitaoče, ti koji si stigao dovde, živiš li?

NASTAVAK

Ovako se završavala priča o tome kako se pravi roman koja se pojavila na francuskom, u broju od 15. maja 1926. godine u *Merkir de Fransu*, priča napisana pre skoro dve godine. A zatim se nastavio moj roman, povest, komedija, tragedija, ili kako god hoćete, i nastavio se roman, povest, komedija ili tragedija moje Španije, i cele Evrope i celog čovečanstva. I povrh muke oko mogućeg završetka mog romana, povrh i ispod nje, i dalje me muči muka oko mogućeg završetka romana celog čovečanstva. U šta je kao epizoda uključeno i ono što se naziva propast Zapada i kraj naše civilizacije.

Treba li još jednom da podsetim na kraj Kardučijeve ode „Na brdu Mario"? Kada nam opisuje ono da „dok se nad Polutarom povijeno, od plamena vreline bežeći, malaksalo potomstvo ne bude svelo na samo jednu ženu, samo jednog muškarca, koji, uspravni sred ruševina planina, sred mrtvih šuma, mrtvački bledih, staklastih očiju, ne budu tebe videli nad ogromnim ledom, o, sunce, kako zalaziš!" Apokaliptična vizija koja me podseća na drugu, koja je, zato što je komičnija, još užasnija, koju sam pročitao kod Kurtlena i koja nam slika kraj poslednjih ljudi, šćućurenih na brodu, u novoj Nojevoj barci, u novom sveopštem potopu. S poslednjim ljudima, s poslednjom ljudskom porodicom, plovi i jedan papagaj: brod počinje da tone, ljudi se dave, ali papagaj se penje na vrh glavnog jarbola i u trenutku kada će i taj poslednji vršak potonuti u vodu, papagaj krikne put neba „*Liberté, Egalité, Fraternité!*" I tako se povest završava.

To najčešće nazivaju pesimizam. Ali nije to onaj pesimizam o kojem obično govori onaj ko je još kralj Španije – danas, 4. juna 1927. godine – Don Alfonso XIII, kada kaže da treba izolovati pesimiste. I zato su mene izolovali na nekoliko meseci na ostrvo Fuerteventuru, da svojim paradoksalnim pesimizmom ne zarazim zemljake. Pomilovan sam posle tog progonstva ili izolovanosti za koju mi ni do danas nisu dali razlog ili bar izgovor; došao sam u Francusku ne osvrćući se na pomilovanje i nastanio se u Parizu, gde sam napisao priču koja prethodi, i krajem avgusta 1925. godine iz Pariza sam došao ovamo, u Endaju, da nastavim da pravim romane života. I taj deo mog romana ću ti sada, čitaoče, ispričati, kako bi nastavio da gledaš kako se pravi roman.

To što prethodi napisao sam pre dvanaest dana, i sve ovo vreme proveo sam ne spuštajući pero na ove listove, pretresajući u glavi misao o tome kako bi trebalo završiti roman koji se pravi. Zato što sada želim da ga završim, želim da izvučem svoga Huga de la Rasu iz jezivog košmara čitanja kobne knjige, hoću da stignem do kraja njegovog romana kao što je Balzak stigao do kraja romana o Rafaelu Valentenu. I verujem da mogu da stignem do kraja, verujem da mogu da dovršim pravljenje romana zahvaljujući vremenu od dvadeset i dva meseca u Endaji.

Ispod policijskih incidenata na koje tirančići spuštaju i unižavaju politiku, svetu politiku, vodio sam, i dalje vodim ovde, u svom progonstvu u Endaji, u ovom pograničnom kutku moje rodne baskijske zemlje, intiman politički život pretvoren u religiju i religiozni život pretvoren u politiku, roman o povesnoj večnosti. Ponekad odlazim na obalu u Ondaraicu, da okupam večno detinjstvo svoga duha u pogledu na večno detinjstvo mora koje nam govori iz vremena pre istorije, ili tačnije, ispod nje, o božanskoj suštini, a ponekad, penjući se uzvodno duž pogranične Bidasoe, prolazim pored Fazanskog ostrvca na kojem je ugovoreno venčanje Luja XIV od Francuske sa infantkinjom Španije Marijom Terezom, ćerkom našeg Filipa IV Habzburškog, i potpisan Porodični pakt – „nema više Pirineja!‟ govorili su, kao da se takvim paktovima ruše planine od hiljadugodišnjeg kamena – i odlazim u selo Birijatu, skrajnuto u spokojstvo. Tamo, u Birijatuu, na trenutak sednem u podnožje crkvice, naspram zaseoka Muniorte, gde [prema lokalnom predanju žive kopilanski potomci Ričarda Plantageneta, vojvode od Akvitanije, koji je mogao biti kralj Engleske, čuvenog Crnog Princa koji je pritekao u pomoć Pedru Surovom od Kastilje, i posmatram korito Bidasoe, u podnožju Ćoldokoganje, tako pune uspomena na naše građanske sukobe, kroz koju protiče više istorije nego vode, i uranjam svoje misli prokaženika u pročišćen i vlažan vazduh naših materinskih planina. Ponekad dođem do Urunje, čiji časovnik nam govori da svaki čas ranjava, a poslednji ubija – *vulnerant omnes, ultima necat* – ili još dalje, u San Huan de Lus, u čijoj sabornoj crkvi se Luj XIV venčao sa infantkinjom od Španije, pa su zatim vrata kroz koja su ušli na venčanje i kroz koja su izišli bila zazidana. A ponekad odem i u Bajonu, koja me ponovo pretvara u dete, koja mi vraća moje blaženo detinjstvo, moju povesnu večnost, pošto mi Bajona donosi suštinu mog

Bilbaa od pre više od pedeset godina, Bilbaa koji je napravio moje detinjstvo i koji je moje detinjstvo napravilo. Okolina katedrale u Bajoni vraća me u baziliku Svetog Jakova u Bilbau, u moju baziliku. Čak i onaj monumentalni vodoskok što stoji pored nje! I sve to me je poveo da vidim kraj romana o mom Hugu.

Moj bi Hugo odustao na kraju knjige, odrekao bi se kobne knjige, kada bi završio sa čitanjem. U svom trčkaranju ovim svetom Božijim u želji da izbegne kobno čitanje, završio bi u svom rodnom kraju, u zemlji svog detinjstva, u večnom detinjstvu, onim godinama kada još nije znao da čita, kada još nije bio čovek od knjige. I u tom bi detinjstvu našao svog unutrašnjeg čoveka, svoj *eso anthropos*. Jer nam sveti Pavle kaže u retku 14 i 15 poslanice Efescima da, „Toga radi preklanjam kolena svoja pred ocem Gospoda našega Isusa Hrista, oca po kome se" – što bi se bez velikog nasilja moglo prevesti kao: „otadžbine po kojoj se" – „sva čeljad i na nebesima i na zemlji zovu, da im da silu po bogatstvu slave svoje, da se utvrdite duhom njegovijem, za unutrašnjeg čoveka..." I tog unutrašnjeg čoveka nalazi u svojoj otadžbini, u svojoj večnoj otadžbini, u otadžbini svoje večnoasti, kada se sretne sa svojim detinjstvom, sa svojim sinovljim osećanjem – a još pre nego sa osećanjem, sa svojom sinovljom suštinom – kada oseti da je sin i otkrije oca. Odnosno, kada u sebi oseti oca.

Baš ovih dana mi je u ruke dopala, kao božanskim, odnosno, očinskim proviđenjem, knjižica Johana Hesena naslovljena „Sinovstvo Boga" (*Gottes Kindschaft*), u kojoj sam pročitao: „Zato bi moralo da ostane savršeno jasno da je uvek i svaki put dete u nama ono koje veruje. Kao što je gledanje funkcija čula vida, tako je i verovanje funkcija dečijeg čula. U nama postoji onoliki potencijal za verovanje koliko detinjeg u sebi imamo."

I Hesen ne propušta – razume se! – da nas podseti na ono iz Jevanđelja po svetom Mateju (18 : 3) kada Hristos, Sin Čovečiji, Sin Oca, kaže: „Zaista vam kažem, ako se ne povratite i ne budete kao deca, nećete ući u carstvo nebesko." „Ako se ne povratite", kaže. I zato ja svoga Huga vraćam.

I dete, sin, otkriva oca. U recima 14 i 15 osme glave poslanice Rimljanima – a Hesen ne propušta i na to da nas podseti – sveti Pavle nam kaže da „koji se vladaju po duhu Božijemu oni su sinovi Božiji; jer ne primiste duha ropstva, opet da se bojite, nego primiste duha posinačkoga, kojim vičemo: Ava, oče!" Odnosno: tata! Ne sećam se kada sam govorio „tata!" pre nego što sam počeo da čitam i pišem; to je trenutak u mojoj večnosti koji se gubi u okeanskoj magli moje prošlosti. Moj je otac umro kada sam ja tek bio napunio šest godina, i svaka slika o njemu izbrisala mi se iz sećanja i bila zamenjena – možda prebrisana – umetničkim ili veštačkim slikama, slikama s portreta; između ostalog, tu je i dagerotip iz vremena kada je on bio momak, i on samo sin. Mada mi se nije izbrisala svaka njegova slika, nego je zbrkano, kroz okeansku maglu, bez jasnih obrisa, još nazirem u trenutku u kojem mi se otkrila, dok sam bio veoma mali, tajna jezika. U roditeljskoj kući u Bilbau nalazila se gostinjska soba, liturgijsko svetilište našeg doma, u koju nama deci nisu dozvoljavali da ulazimo da ne bismo uprljali voskom premazan pod ili zgužvali presvlake na foteljama. S tavanice je visilo okruglo ogledalo u kojem je čovek sebe video malog i izlobličenog, a na zidovima biblijske litografije, od kojih je jedna predstavljala – kao sad da je gledam – Mojsija kako štapićem izvlači vodu iz stene večnosti mog detinjstva. Pored gostinjske sobe bila je mračna prostorija u kojoj se skrivao Hrčak, tajanstveno i zagonetno biće. I tako, jednoga dana kada sam uspeo da uđem u zabranjenu liturgijsku gostinjsku sobu, zatekao sam svog oca – tatu! – koji me je uzeo u naručje, stavio me da sednem na fotelju s presvlakom, naspram nekog Francuza, izvesnog gospodina Legoržea – koga sam kasnije poznavao – i razgovarao na francuskom. I kakav je efekat moglo proizvesti na moju detinju svest – ne želim da kažem samo na maštu, iako su možda mašta i svest jedno te isto – to što sam oca, rođenog oca – tatu! – čuo kako govori na jeziku koji mi je zvučao kao s drugog sveta, i to je taj utisak koji mi je ostao urezan, slika oca koji razgovara na nekom tajanstvenom i zagonetnom jeziku. Jer francuski je za mene tada bio jezik tajne.

Otkrio sam svog oca – tatu! – kako govori jezikom tajne i povremeno me pomiluje na našem jeziku. Ali, da li sin otkriva oca? Ili je pre otac taj koji otkriva sina? Da li je sinovstvo koje nosimo u utrobi ono koje nam otkriva očinstvo, ili je pre očinstvo naše utrobe ono koje nam otkriva naše sinovstvo? „Dete je otac čoveka", pevao je zauvek Vordsvort, ali, da li je osećanje – kako je to jadna reč! – očinstva, večnosti prema budućnosti, ono što nam otkriva osećanje sinovstva, večnosti prema prošlosti? Ne postoji li možda neki mračan osećaj večnosti prema prošlosti, prethodnog postojanja, zajedno s osećajem večnosti prema budućnosti, potonjeg postojanja ili nadživljavanja? Tako bi se moglo objasniti zašto među Indusima, u tom detinjem, sinovljem društvu, postoji, pre nego verovanje, življenje, intimno iskustvo života – ili tačnije, smenjivanja života – pre rođenja, kao što među nama, zapadnjacima, postoji verovanje – kod mnogih i življenje, intimno iskustvo, želja, životna nada, vera – u život posle smrti. I ta *nirvana* put koje idu Indusi – a postoji samo put i ništa više – da li je to nešto različito od mračnog rodnog života u

materici, od sna bez snova, ali uz nesvestan osećaj za ži-
vot, za ono pre rođenja, ali posle začeća? I eto zašto,
kad počnem da sanjarim o mističkom iskustvu protiv
vremena, ili tačnije, unazad kroz vreme, umiranje nazi-
vam razrođenjem, a smrt drugim porođajem.

„Oče, u ruke tvoje predajem duh svoj!" uzviknuo je
Sin (Luka, 23 : 46) dok je umirao, dok se razrađao, na
porođaju smrti. Ili, prema drugom Jevanđelju (Jovan,
19 : 39), uzviknuo je: *tetélestai*! („svrši se!")

„Svrši se!", uzdahnuo je, i preklonivši
glavu – nazaretsku krošnju –
u ruke Boga predao je duh;
predao ga svetlosti;
i tako se Hristos rodio na krstu;
i dok se rađao, sanjao je sebe unazad kroz vreme
kada je na jaslama
u Vitlejemu umro
s onu stranu svakog zla i svakog dobra.

„Svrši se!" I „U tvoje ruke predajem svoj duh!" A šta
se to tako svršava? I šta je bio taj duh koji je tako pre-
dao u ruke Oca, u ruke Boga? Svršila su se njegova de-
la i njegova dela bila su njegov duh. Naša dela su naš
duh i moje delo sam ja sam koji sebe pravim iz dana u
dan i iz veka u vek, kao što si i tvoje delo ti sam, čita-
oče, koji sebe praviš iz trenutka u trenutak, sada sluša-
jući me, kao i ja pričajući ti. Jer želim da verujem da me
više slušaš nego što me čitaš, kao što i ja tebi više govo-
rim nego što ti pišem. Mi smo naše sopstveno delo.
Svako je dete svojih dela, rečeno je, i to je ponovio Ser-
vantes, sin *Don Kihota*, ali zar čovek nije istovremeno i
otac svojih dela? I Servantes, otac *Don Kihota*. Otuda je
čovek, bez ikakvog poigravanja rečima, otac i sin samo-
ga sebe i njegovo je delo sveti duh. Sami Bog, da bi bio

Otac, uče nas, morao je da bude Sin, i da bi osetio kako se rađa kao Otac sišao je da umre kao Sin. „Do Oca se dolazi kroz Sina", kaže nam se u četvrtom Jevanđelju (14 : 6) i ko vidi Sina, vidi Oca (14 : 8), a u Rusiji Sina zovu „naš očka Isus".

Za sebe umem da kažem da nisam istinski otkrio svoju sinovlju suštinu, svoju sinovsku večnost, dok nisam postao otac, dok nisam otkrio svoju očinsku suštinu. Tada sam dopro do unutrašnjeg čoveka, do onog *eso anthropos*, oca i sina. Tada sam osetio da sam sin, sin svoje dece i sin majke moje dece. I to je večna tajna života. Užasni Rafael Valenten iz Balzakove *Šagrinske kože* umire, izgarajući od želje, u Polininom naručju, grčeći se, u čežnji agonije, „volim te, obožavam te, želim te...."; ali on se ne odrađa niti se preporađa, pošto se ne nalazi u majčinoj utrobi, i grudi majke, majke njegove dece, njegove majke, nisu mesto gde se završava njegov roman. I posle toga, zar u svom romanu o Hugu ja treba da učinim da on skonča u iskustvu sinovljeg očinstva, u očinskom sinovstvu?

Ali postoji drugi svet, takođe svet romana; postoji drugi roman. Ne roman od krvi i mesa, nego od reči, od reči koja je postala slovo. I baš to je roman koji, poput istorije, počinje rečju ili tačnije slovom, jer bez kostura meso ne može da stoji. I ovde ulazi sve ono o akciji i kontemplaciji, politici i romanu. Akcija je kontemplativna, kontemplacija je aktivna; politika je romaneskna i roman je političan. Kada je moj siroti Hugo, lutajući duž ivica – koje se ne mogu nazvati obalama – Sene, naišao na proročku knjigu i počeo da je guta i utonuo u nju, pretvorio se u čistog posmatrača, u pukog čitaoca, što je nešto besmisleno i neljudsko; trpeo je roman, ali ga nije pravio. A ja želim da ti ispričam, čitaoče, kako se pravi roman, kako ti sam praviš i kako treba da praviš sopstveni roman. Unutrašnji čovek, intra-čovek, kada postane čitalac, posmatrač, ako je živ, mora da se napravi, kao čitalac, kao posmatrač junaka ka kojem ide, istovremeno čitajući, praveći, stvarajući; posmatrač sopstvenog dela. Unutrašnji čovek, intra-čovek – a on je božanskiji od Ničeovog natčoveka ili Natčoveka – kada postane čitalac u isti mah postaje i pisac, odnosno, glumac; kada čita roman, postaje romansijer; kada čita povest, povesničar. I svaki čitalac koji je unutrašnji, ljudski čovek, jeste, kao čitalac, tvorac onoga što čita i što upravo pročitava. Ovo što sada ovde čitaš, čitaoče, govoriš sam sebi i jednako je tvoje koliko i moje. I ako nije tako, to znači da ga i ne čitaš. Zbog toga te molim za oproštaj, čitaoče moj, zbog ove, pre nego neumesnosti, nepristojnosti koju sam uputio na tvoj račun kad nisam hteo da ti kažem kako se završava roman o mom Hugu, moj roman i tvoj roman. I zbog toga tražim oproštaj i od samog sebe.

Da li si me shvatio, čitaoče? I ako ti ovo pitanje upućujem ovako, to je zato da bih u nastavku mogao da stavim ono što sam upravo pročitao u jednoj italijanskoj filosofskoj knjizi – bilo je to jedno od mojih nasumičnih čitanja – *Le sorgenti irrazionali del pensiero* Nikole Abanjana, a to je ovo: „Razumeti ne znači prodreti u unutrašnjost tuđe misli, nego samo prevesti na sopstvenu misao, na sopstvenu istinu, podzemno iskustvo na kojem se zasnivaju sopstveni i tuđi život." Ali, zar to ne znači prodreti u utrobu misli drugoga? Ako prevodim na sopstvenu misao podzemno iskustvo na kojem se zasnivaju moj život i tvoj život, čitaoče, i ako je ti prevodiš na svoju, ako uspemo da se međusobno razumemo, da se uzajamno shvatimo, zar to ne znači da sam ja prodro u intimnost tvoje misli u isti mah dok ti prodireš u intimnost sopstvene misli i one koja nije ni moja ni tvoja, nego zajednička? Zar se možda moj unutrašnji čovek, moj intra-čovek, ne dodiruje s tvojim unutrašnjim čovekom i čak se sjedinjava s njim, s tvojim intra-čovekom, tako da ja živim u tebi, i ti u meni?

I ne treba da te iznenadi što ti ovako stavljam svoja nasumična čitanja i što te u njih uvlačim. Uživam u nasumičnim čitanjima, u nasumičnosti čitanja, kako šta naiđe, kao što uživam i u tome da svakog popodneva, posle ručka, u ovdašnjoj kafani, u Grand Kafeu u Endaji, s još trojicom drugova igram žandara. Veliki je učitelj života i misli ta igra žandara! Jer, problem života se sastoji u tome da čovek ume da iskoristi slučaj, da se izvešti da izbegne da mu se poremete planovi, ako ne skupi dovoljno žandara ili popova, ili da čovek drugome pomrsi račune kad mu slučaj to omogući. Kako dobro kaže Montesinos u *Don Kihotu*: „Strpljenja, i mešaj karte!" Duboka i preduboka misao donkihotovske mudrosti! Strpljenja, i mešaj karte! A ruku i oči spremi da uvrebaju slučaj u prolazu. Strpljenja, i mešaj karte! To i činim ovde, u Endaji, na granici, s političkim – i religioznim – romanom svog života: strpljenja, i mešaj karte! U tome je problem.

I nemoj da skačeš i da mi govoriš, čitaoče moj – i ja lično, kao čitalac samoga sebe! – da sam umesto da ti ispričam, kako sam ti obećao, kako se pravi roman, samo postavljao probleme, i to, da stvar bude gora, metapolitičke i religiozne probleme. Hoćeš li da se zadržimo na trenutak na tim problemima? Oprosti filologu helenisti što ti objašnjava roman, to jest etimologiju, reči *problem*. To je imenica koja predstavlja ishod delanja glagola *proballein*, koji znači baciti ili staviti ispred, predstaviti nešto, i odgovara latinskom *projicere*, projektovati, otkuda problem znači isto što i projekt. A kakav je to projekt problem? Projekt akcije! Projekt gra-

đevine jeste projekt njenog građenja. A problem pret-
postavlja ne toliko rešenje, u analitičkom, ili disolutiv-
nom smislu, koliko konstruisanje, kreaciju. Rešava se
radeći. Ili rečeno drugim rečima, *projekt* se rešava kroz
trajektoriju, a *problem* kroz *metaproblem*, kroz promenu.
I problemi se rešavaju samo akcijom. Akcijom koja je
kontemplativna, kao što je i kontemplacija aktivna, jer
verovati da se politika može voditi bez romana i da se
roman može praviti bez politike znači ne znati u šta že-
lite da verujete.

Veliki političar od akcije, jednako velik kao Perikle,
bio je Tukidid, Makijavelijev učitelj, onaj koji nam je
ostavio „zauvek" – „zauvek": to su njegove reči i njegov
pečat – povest o Peloponeskim ratovima.

I tako se, čitaoče, zauvek pravi roman.

Završeno u petak, 17. juna 1927. godine u Endaji,
u Donjim Pirinejima, na granici između Francuske i
Španije.

UTORAK 21

Završeno? Kako sam to brzo napisao! Zar se može završiti nešto, pa makar to bio i samo roman, o tome kako se pravi roman? Još pre mnogo godina, u prvoj mladosti, slušao sam svoje prijatelje vagnerovce kako razgovaraju o beskonačnoj melodiji. Ne znam tačno šta je to, ali mora biti da je poput života i njegovog romana, koji se nikad ne završavaju. I poput istorije.

Jer evo danas mi je stigao broj *La prense* iz Buenos Ajresa, od 22. maja ove godine, i u njemu Asorinov članak o Žaku de Lakretelu. Ovaj poslednji je onome prvom poslao svoju knjižicu naslovljenu *Novi red*, i Asorin je komentariše. „Sastoji se – kaže nam ovaj poslednji govoreći o Lakretelovoj knjižici (a ne o De Lakretelovoj, prijatelji Argentinci) – o romančiću naslovljenom *Bes*, i o *Dnevniku* u kojem autor objašnjava kako je sastavio pomenuti roman, i nekoliko filosofskih, kritičkih stranica posvećenih uspomeni na Žan-Žaka Rusoa u Ermenonvilu." Ne znam o toj knjižici Ž. de Lakretela – ili Lakretelovoj knjižici – ništa osim onoga što stoji u Asorinovom članku; ali smatram da je duboko značajno i simbolično to što pisac koji piše *Dnevnik* kako bi objasnio kako je sastavio roman priziva uspomenu na Rusoa, koji je proveo život objašnjavajući nam kako je napravljen roman njegovog života, to jest njegov reprezentativni život, koji je bio pravi roman.

Asorin zatim dodaje:

„Od svih ovih radova, najzanimljiviji je van sumnje *Dnevnik besa*, to jest, beleške koje je, ako ne iz dana u dan, a ono bar vrlo često, autor zapisivao o tome kako se razvija roman na kojem radi. Već je nedavno pisano o drugom dnevniku te vrste; mislim na knjigu koju je izvanredno istančani i elegantni Andre Žid napisao kako bi objasnio razvoj i proces stvaranja nekog svog romana. Ovaj žanr bi trebalo da se raširi. Svaki romansijer bi povodom nekog svog romana mogao napisati drugu knjigu – istinski, autentični roman – kako bi nas upoznao s mehanizmom svoje fikcije. Kad sam ja bio mali – pretpostavljam da se i danas dešava isto – veoma su me zanimali časovnici; moj otac ili neko od mojih stričeva obično bi mi pokazivali svoje; ja sam ih ispitivao s pažnjom, s divljenjem; prislanjao ga na uho; slušao ubrzano i istrajno otkucavanje; gledao kako kazaljka koja pokazuje minute napreduje polako; na kraju, pošto bih pregledao celu spoljašnjost moj otac ili stric bi podigao – noktom ili perorezom – poklopac s donje strane i pokazivao mi složeni i tanani organizam... Romansijeri koji sada prave knjige kako bi objasnili mehanizam svog romana, kako bismo videli na koji način oni postupaju dok pišu, naprosto podižu poklopac na časovniku. Časovnik gospodina Lakretela je predivan; ne znam koliko rubina ima ta mašinerija; ali sve je tu uglačano, blistavo. Pogledajmo ga i recimo nešto o tome što smo uočili."

Ovo zaslužuje komentar:

Prvo, poređenje sa časovnikom je vrlo neumesno, i odgovara ideji o „mehanizmu njegove fikcije". Fikcija koja ima mehanizam, mehanička fikcija, nije i ne može ni da bude roman. Roman, da bi bio živ, da bi bio život, mora biti, poput samog života, organizam, a ne mehanizam. I ne vredi podizati poklopac na časovniku. Pre svega zato što istinski roman, živ roman, nema poklopac, a potom i zato što ne treba pokazivati mašineriju, nego pulsirajuću utrobu života, vrelu od krvi. A to se vidi spolja. To je poput besa koji se vidi na licu i u očima i bez potrebe da dižemo bilo kakve poklopce.

Časovničar, koji je mehaničar, može da podigne poklopac na časovniku kako bi kupac video mašineriju, ali romansijer ne treba ništa da podiže kako bi čitalac osetio pulsiranje utrobe živog organizma romana, a to je utroba samog romansijera, autora. I čitaoca, koji se kroz čitanje poistovećuje s njim.

Međutim, s druge strane, časovničar poznaje kroz refleksiju, kritički, mehanizam časovnika; a romansijer, da li on isto tako poznaje organizam svog romana? Ako na njemu postoji poklopac, on postoji za samog romansijera. Najbolji romansijeri ne znaju šta su sve stavili u svoje romane. A ako uzmu da pišu dnevnik o tome kako su ih napisali, to je zato da bi otkrili same sebe. Ljudi od dnevnika ili autobiografija ili ispovesti, Sveti Avgustin, Ruso, Amijel, proveli su život tražeći same sebe – tražeći Boga u samima sebi – i njihovi dnevnici, autobiografije ili ispovesti nisu bili ništa drugo nego iskustvo tog traganja. I to iskustvo ne može se okončati nikako drugačije nego s okončanjem njihovih života.

S njihovim životima? Ne okončavaju se ni s njima! Jer njihov intimni život, život njihove utrobe, njihov romaneskni život, nastavlja se kroz život njihovih čitalaca. Baš onako kako je ranije i započeo. Jer, zar je naš intimni život, život naše utrobe, romaneskni život, započeo sa svakim od nas? Ali o tome sam već nešto rekao i ne treba da se vraćam na ono što je već rečeno. Mada, zašto da ne? Svojstveno je čoveku od dnevnika, onome ko se ispoveda, da se ponavlja. Svaki njegov dan je jedan te isti dan.

I pazite kada se upuštate u te stvari s dnevnicima! Čovek kome padne na pamet da vodi dnevnik – poput Amijela – postaje čovek od dnevnika, živi za njega. On više ne beleži u svom dnevniku ono što iz dana u dan misli, nego misli kako bi to zabeležio. A u suštini, nije li to jedno te isto? Čovek se poigrava s knjigom o čoveku i čovekom od knjige, ali zar ima ljudi koji nisu od knjige? Čak i oni koji ne znaju ni da čitaju ni da pišu. Svaki čovek, istinski čovek, jeste sin neke legende, pisane ili usmene. I nema ničega više osim legende, to jest, romana.

Složili smo se, dakle, u tome da romansijer koji priča kako se pravi roman priča o tome kako se pravi romansijer, to jest, kako se pravi čovek. I pokazuje svoju ljudsku, večnu i univerzalnu utrobu, ne morajući da podigne nikakav poklopac sa časovnika. To s dizanjem pokopca na časovniku neka ostane literatama koji baš i nisu romansijeri.

Poklopac na časovniku! Deca raspore lutku, utoliko pre ako ima mehanizam, da joj vide creva, da vide šta ima unutra. I zaista, da bi se shvatilo kako funkcioniše lutka, igračka, mehanički *homunculus*, treba ga rasporiti, treba podići poklopac na časovniku. Ali, istorijskom čoveku? Istinskom čoveku? Glumcu u drami života? Junaku romana? Taj svoju utrobu nosi na licu. Ili drugim rečima, njegova utroba – *intranea* – ono što mu je unutra, jeste njegova spoljašnjost – *extranea* – ono što mu je spolja; njegov oblik jeste njegova suština. I eto zašto je svaki izraz istinskog istorijskog čoveka autobiografski. I eto zašto istinski istorijski čovek nema poklopac. Makar bio i hipokrit, licemer. Jer licemeri su upravo oni koji najviše nose utrobu na licu. Imaju poklopac, ali je on od stakla.

ČETVRTAK, 30-6

Upravo sam pročitao kako je Frederik Lefevr, onaj što je vodio razgovore s javnim ljudima kako bi ih objavljivao u *Le nuvel literer* – i mene je podvrgnuo razgovoru – pitao Žorža Klemansoa, mladića od osamdeset i pet godina, da li bi odlučio da napiše svoje Uspomene, a ovaj mu je odgovorio: „Nikada! Život je napravljen zato da se živi a ne da se priča." Pa ipak, sve što je Klemanso u svom dugom donkihotovskom životu gerilca od pera činio bilo je da pripoveda svoj život.

Pričati život, zar i to možda nije način, i to najdublji, da se on proživi? Nije li Amijel živeo svoj intimni život pripovedajući ga? Nije li njegov *Dnevnik* njegov život? Kada će se prestati s tim suprotstavljanjem akcije i kontemplacije? Kada će se konačno shvatiti da je akcija kontemplativna a kontemplacija aktivna?

Postoji ono što je učinjeno i ono što se čini. Do onoga nevidljivog u Bogu dopire se preko onoga što se učini – *per ea quae facta sunt*, prema kanonskoj latinskoj verziji, ne previše bliskoj grčkom izvorniku, odlomka iz svetoga Pavla (Rimljanima, I : 20) – ali to je put prirode, a priroda je mrtva. Postoji put istorije, a istorija je živa; i put istorije jeste stići do onoga nevidljivog u Bogu, do njegovih tajni, preko onoga što se čini, *per ea quae facta sunt*. Ne kroz pesme – što jeste tačan Pavlov izraz – nego kroz poezije; ne kroz razum, nego kroz intelekt, ili tačnije intenciju – najtačnije, *intenziju*. (Zašto, kad već imamo *ekstenziju* i *intenzitet*, ne bismo imali i *intenziju* i *ekstenzitet*?)

Živim sada i ovde svoj život pripovedajući ga. I sada i ovde pripadaju sadašnjosti, koja održava i stapa sled vremena kao što ga večnost obavija i spaja.

NEDELJA, 3-7

Čitajući danas povest filosofske mistike Srednjeg veka ponovo sam naišao na onu sentencu svetog Avgustina u njegovim *Ispovestima* gde kaže (knjiga 10, gl. 33, bel. 50) da je napravio problem u samom sebi *mihi quaestio factus sum* – jer, verujem da ono *quaestio* treba prevesti rečju problem. I ja sam sebi napravio problem, pitanje, projekt samog sebe. Kako se to rešava? Praveći od projekta, od trajektorije problema, *metaproblem*; boreći se. I tako, boreći se, civilno, uranjajući u sabe samog kao problem, pitanje, za mene, transcendiraću iz samog sebe, prema unutra, koncentrišući se kako bih sam sebe osvetlio, i stići ću do aktualnog Boga, do boga istorije.

Hugo od svetog Viktora, mističar iz XII veka, govorio je kako penjanje ka Bogu jeste ulazak u samog sebe, i ne samo ulazak u sebe, nego i prelazak preko samog sebe, u ono dublje unutra – *in intimis etiam seipsum transire* – na izvestan neizreciv način, i da ono najintimnije jeste ono najbliže, višnje i večno. I kroz samoga sebe, probijajući sebe, prožimajući sebe, stižem do Boga moje Španije u ovom iskustvu progonstva.

PONEDELJAK 4-7

Sada kada je moja porodica došla i kada sam se s njom smestio, za letnje mesece, u neku vilu, van hotela, vratio sam se izvesnim porodičnim navikama, među njima i tome da se zabavljam slažući, među svojima, pasijans, strpljenje, ono što ovde, u Francuskoj, zovu *patience*.

Pasijans koji mi se najviše sviđa jeste onaj koji ostavlja izvesnu marginu za proračun igrača, makar ona i ne bila velika. Karte se postave u osam redova od po pet karata uspravno – ili pet redova od osam karata vodoravno – i igrač pokušava da odozdo izvuče asove i dvojke stavljajući sve 32 karte koje stoje u četiri uspravna reda od najveće do najmanje tako da se ne nađu jedna uz drugu dve u istoj bolji, odnosno, da uz žandara karo, na primer, ne sme da stoji sedmica koja je takođe karo, nego bilo koja od preostale tri boje. Ishod delimično zavisi od toga kako se počne; čovek mora umeti, dakle, da iskoristi slučaj. I umetnost života u istoriji nije ništa drugo.

Dok nastavljam tu igru, držeći se njenih pravila, uz najskrupulozniju svest o pravilima, uz živ osećaj dužnosti, pokoravanja zakonu koji sam za sebe stvorio – dobro odigrana igra jeste izvor moralne svesti – dok nastavljam ovu igru, kao da neka nečujna muzika uljuljkuje moje meditacije o istoriji koju živim i pravim.

Na drugom planu, mešanje karata je nešto kao kada se gleda kako se morski talasi razbijaju o pesak na obali. I obe stvari nam govore o prirodi u istoriji, o slučaju u slobodi. I nisam nestrpljiv ako se otvaranje otegne, i ako ne uspem da postavim zamku. I to me uči da čekam da se odluči istorijsko otvaranje moje Španije, da ne budem nestrpljiv u iščekivanju otvaranja, da mešam karte i da imam strpljenja u onoj drugoj usamljeničkoj igri pasijansa, strpljenja. Dani dolaze i odlaze kao što dolaze i odlaze talasi mora; ljudi dolaze i odlaze – ponekad odlaze a zatim dolaze – kao što dolaze i odlaze karte, i to dolaženje i odlaženje jeste istorija. Tamo u daljini, a da je ja ne čujem svesno, odzvanja, na obali, muzika pograničnog mora. Na njoj se razbijaju talasi koji su dolazili ližući obalu Španije.

I kakve stvari mi samo sugerišu ona četiri kralja, sa svoja četiri žandara, žandarom pik, tref, karo i herc, vođe četiri reda pobediničkog poretka! Poredak!

Strpljenja, dakle, i mešaj karte!

I dalje razmišljam o pasijansu, o istoriji. Pasijans je igra slučaja. Dobar matematičar mogao bi da izračuna verovatnoću da li će se neki niz složiti ili neće. A ako se dva subjekta nadmeću oko otvaranja, prirodno je da u istoj igri postignu isti postotak otvaranja. Ali nadmetanje se mora sastojati u tome ko će uspeti više da složi za isto vreme. Prednost dobrog igrača pasijansa nije u tome što će igrati brže, nego u tome što će napustiti više otvaranja koja je tek započeo, i to čim predvidi da se karte neće otvoriti. Vrhunska umetnost korišćenja slučaja, nadmoć igrača, sastoji se u tome da on odluči da na vreme napusti partiju kako bi mogao početi drugu. A isto je i u politici i u životu.

Da li ću zapasti u ono *nulla dies sine linea*, nijedan dan a da se ne napiše nešto za druge – pre svega za samog sebe – i za večnost? Za večnost samog sebe, razume se. To znači zapasti u stanje čovek od dnevnika. Zapasti? A šta uopšte znači zapasti, pasti? To možda znaju oni što govore o dekadenciji. I o zalasku. Jer zalazak, *ocasus*, od glagola *occidere*, umreti, izveden je iz *cadere*, pasti. Pasti znači umreti.

Što me podseća na ona dva besmrtna junaka – junaka, da! – iz sumraka Flobera, tog uzora romansijera – kakav je samo roman njegova *Prepiska*! – koji su ga napravili onda kada je zauvek propadao. To su bili Buvar i Pekiše. I Buvar i Pekiše, pošto su obišli sve kutke univerzalnog duha, završili su kao piskarala. Zar ne bi bilo bolje da se moj roman o Hugu de la Rasi završi tako što ću ga naterati da se, napustivši čitanje kobne knjige, posveti slaganju pasijansa, i da slažući pasijans čeka da se završi knjiga života? Života i puta, istorije koja jeste put.

Put i otadžbina, kako su govorili stari sholastički mističari, to jest: istorija i blažena vizija. Ali, da li su to različite stvari? Nije li otadžbina već neki put? I to otadžbina nebeska i večna, razume se, ona koja nije od ovog sveta, carstvo Boga za čiji se dolazak svakodnevno molimo – oni koji se mole – zar ta otadžbina neće i dalje biti put?

Ali, na kraju, neka bude volja njegova, kako na nebu, tako i na zemlji! Ili, kako je pevao Dante, veliki prokaženik:

In la sua volontade e nostra pace.
Paradiso *III, 91.*

E pur si muove! Avaj, nema mira osim u ratu!

Put, tako je, put, koji je život, i treba ga povesti otvarajući pasijans – takav je roman. Ali pasijans je usamljenička igra, namenjen je osobi koja je sama; u njemu ne učestvuju drugi. I otadžbina koja se nalazi iza tog usamljeničkog puta jeste otadžbina samoće – samoće i praznine. Kako se pravi roman, dobro! Ali, zašto se pravi? A zašto jeste i kako. Zašto, odnosno, radi čega se pravi roman? Zato da bi čovek postao romansijer. A zašto se pravi romansijer? Zato da bi pravio čitaoca, da bi sebi napravio čitaoca. I samo kada čovek od sebe napravi romansijera i čitaoca romana, obojica nalaze spas od svoje radikalne samoće. Utoliko što postaju jedno, aktualizuju se, a aktualizujući se, čine sebe večnim.

Srednjevekovni mističari – sveti Bonaventura, franjevac, to je istakao više nego drugi – prave razliku između *lux*, svetlost, i *lumen*, prosvetljenje. Svetlost ostaje u sebi; prosvetljenje je ono koje se saopštava. Čovek može da svetli – i da se svetli – i da prosvetljuje – i da sebe prosvetljuje.

Duh svetli, ali kako znamo da li nas prosvetljuje? Ima i ljudi koji svetle, kako imamo običaj da kažemo. Oni koji svetle, to čine uživajući u samima sebi; pokazuju se zato da bi svetleli. Da li onaj koji svetli poznaje samoga sebe? Retko kada. Jer, pošto ne brine o tome hoće li prosvetliti druge, ne prosvetljuje ni sebe. Ali onaj koji ne samo što svetli, nego svetleći prosvetljava druge, svetli prosvetljujući sebe. Jer niko ne poznaje sebe bolje od onoga koji se trudi da upozna druge. A pošto poznavati znači voleti, možda bi trebalo napraviti varijaciju božanske misli i reći: voli samoga sebe kao što voliš svog bližnjeg.

Čemu bi ti služilo da osvojiš svet ako bi izgubio dušu? U redu; čemu bi ti služilo da osvojiš dušu ako bi izgubio svet? Stavimo umesto sveta ljudski sabor, odnosno, sveopšti sabor.

I eto kako religija i politika postaju jedno u romanu savremenog života. Carstvo Božije – ili, kako je želeo Sveti Avgustin, Država Božija – jeste, kao država, politika, a kao Božija, religija.

I ja ostajem ovde, u progonstvu, pred vratima Španije i kao njen vratar, ne zato da bih sijao i sijao se, nego zato da bih prosvetljavao i prosvetljavao sebe, kako bih pravio naš roman, istoriju, povest naše Španije. I kada kažem da sam tu zato da bih se prosvetlio, onim „se" neću da kažem, čitaoče moj, da mislim samo na sebe, nego na tebe i na mene, na naša ja. Jer, *mi* nije isto što i *naša ja*.

Endaja [juli] 1927

O Unamunovoj knjizi
Kako se pravi roman i njenom prevođenju

Delo koje je pred čitaocem spada među najzagonetnija Unamunova dela. Sastavljeno je od romanesknih fragmenata, književnih referenci, istorijskih evokacija, kritičkih rasprava, ličnih komentara o politici, religiji, filosofiji, i sjedinjeno pod naslovom *Kako se pravi roman*. Ovaj tekst ne dozvoljava da lako bude svrstan: Unamuno nije voleo svrstavanja i klasifikacije bilo koje vrste, „stavljanja u fioke", kako je govorio. Kritičari ovaj tekst opisuju kao „esej, ispovest, dijalog i dnevnik" gde se „autobiografski elementi mešaju s razmišljanjima o književnom stvaranju i smislu egzistencije". Možemo li ovo delo, ako sledimo trag naslova, nazvati romanom? Bio bi to roman u Unamunovom, veoma specifičnom smislu. Mogao bi biti ono što je Serž Dubrovski 1977. godine nazvao „autofikcija", koja „avanturi jezika" daje „jezik avanture, izvan mudrosti i izvan sintakse romana". To je mešanje žanrova i preplitanje registara koje predstavlja *„mise en fiction"* ličnog života. Možda bi se ovaj tekst mogao nazvati i „ego-istorija", što je termin koji bi trebalo da označi projektovanje sebe u delo koje u nečemu pripada humanističkim naukama, gde se od autora očekuje da zauzme distancu. I ovaj termin nastao je mnogo posle Unamunovog teksta: skovao ga je francuski istoričar Pjer Nora 1987. godine. Ali to su samo nove mogućnosti koje se pružaju nama danas, da pokušamo da nekako savladamo ovaj Unamunov, u stvari, nesavladiv tekst.

Unamuno, poput Rusoa, hoće da predstavi čovečanstvo uopšte predstavljajući posebnog čoveka razotkrivenog u svojoj intimi i svojim tajnama. Poput svetog Avgustina, hoće da ispriča svoj život kao put koji mora voditi Bogu. Pratim trag Unamunovih usamljeničkih sanjarija, i otkrivam još jedan veliki uzor. Otkriva mi se, više nego kroz Unamunove reči – Unamuno ga pominje tek uzgred – kroz sliku: Viktor Igo. Držim pred sobom špansko izdanje knjige *Kako se pravi roman* na čijim koricama stoji Unamunova fotografija. Podataka nema. Na njoj Unamuno sedi, ruke oslonjene laktom o pisaći sto, tela blago nagnutog udesno, glave oslonjene o prste kojima podupire čelo. Baš kao da posmatra i podražava onaj portret Viktora Igoa o kojem takođe nemam nikakvih podataka, i koji gledam na koricama srpskog prevoda Kolje Mićevića *Prizivanja duhova na Džerziju*. Igo je, međutim, ispružio samo kažiprst, a ostale prste na koje je oslonio čelo savio je u pesnicu. Unamuno je ispružio svih pet prstiju da podupre glavu. Da se Unamuno poredio sa Igoom po političkom otporu, po nedaćama u progonstvu, o tome je ostavio tek uzgredne naznake u svojim tekstovima, ali bila bi dovoljna i sama ova slika da to shvatimo. Unamuno pominje progonstvo na ostrvo Džerzi, u La Manšu, odakle je Igo mogao da posmatra svoju Francusku. Bilo je to ostrvo na kojem je pronašao drvo bresta, „koje raste i u Francuskoj"; tu je pisao *Kazne*, pesme-pamflete protiv Luja Bonaparte, Napoleonovog bratanca, koji je 1851. izvršio državni udar. Tako je i Unamuno, boraveći u Endaji, gradiću u Donjim Pirinejima, gledao svoju Španiju, i pisao protiv diktature koju je 1923. godine bio zaveo general Primo de Rivera.

Izvornu verziju teksta, koju je napisao u svojoj šezdeset prvoj godini, tokom leta 1925. u Parizu, Unamuno je izgubio. U Parizu je „igrao ulogu izgnanika", kako je sam zabeležio. Najpre je bio proteran na ostrvo Fuerteventura, ali je posle tog progonstva, koje je trajalo nekoliko meseci, pomilovan. Ne osvrćući se na pomilovanje, Unamuno se nastanio u Francuskoj, najpre u Parizu, a zatim u Endaji, nadomak Španiji. Tu se u maju 1927. godine latio prevođenja Kasuovog prevoda svog teksta i *Portreta* koji je Kasu sačinio. Najpre piše roman pričajući kako se roman pravi, zatim prevodi i komentariše tuđi prevod svog teksta: savršeno unamunovski stav.

Pisanje, a još više ponovno prevođenje knjige *Kako se pravi roman* za Unamuna je bio još jedan pokušaj ličnog spasenja. Tragajući za „ovekovečenjem trenutnosti", Unamuno kroz prevođenje, tumačenje i komentarisanje svog teksta hoće da sebi stvori sadašnjost. Stvarajući lik U. Huga de la Rase, Unamuno stvara sina svoga dede i svoje babe. Stvara svoga oca. Koji je – kako tekst odmiče, to postaje sve jasnije – u stvari sam Unamuno. Neobična je priča o Unamunovom ocu. Uprkos tome što se o Unamunovom životu mnogo zna, malo je toga što se zna o Feliksu Unamunu. Feliks Unamuno se u svojoj trideset i sedmoj godini oženio svojom sestričinom, Salome Hugo, mnogo mlađom od sebe, i s njom imao šestoro dece. Unamunov deda po majci, Hose Antonio Hugo, bio je oženjen, dakle, sestrom Feliksa Unamuna. Ona je Migelu bila istovremeno tetka i baba. Majka mu je bila... majka i sestra? Na kraju je i sin odlučio da postane sam sebi otac.

Unamuno u mnogo prilika govori o svojoj supruzi, Konći, proglašavajući je „svojom istinskom majkom", govori i o svojoj brojnoj deci, odnosno, o svom očinstvu, ali retko kada govori o svome ocu, koga se, kako kaže „jedva i seća". „Moj je otac umro 1870. godine", kaže Unamuno u *Sećanjima*; „Moj je otac umro kada sam ja tek bio napunio šest godina, i svaka slika o njemu izbrisala mi se iz sećanja i bila zamenjena – možda prebrisana – umetničkim ili veštačkim slikama, slikama s portreta; između ostalog, tu je i dagerotip iz vremena kada je on bio momak, i on samo sin", priseća se Unamuno dok piše *Kako se pravi roman*. Oca Unamuno više prećutkuje nego što govori o njemu. Zahvaljujući istraživačima, saznali smo da je bio trgovac, da je neko vreme živeo u Meksiku, da je po povratku u Bilbao u tom gradu imao pekaru, i da je bio gradski većnik. Znamo da je umro u četrdeset i sedmoj godini, i to, kako je zabeleženo u crkvenim knjigama, od tuberkuloze. Međutim, tek 1996. godine prvi put je čitaocima postao dostupan Unamunov zapis *Početna tajna mog života*, gde piše o samoubistvu oca. U romanu *Magla*, u nezavršenoj drami *Viktorija*, u pripoveci *Jedna žena*, Unamuno opisuje samoubistva oca. Toj se temi, dakle, u više mahova vraćao. Tekst prvi put publikovan 1996. godine može biti priča, a može biti i autobiografski zapis. To ne znamo pouzdano.

Vratimo se, međutim, činjenici da je tekst *Kako se pravi roman* u stvari prevod. Prevod prevoda. Prevod koji je autor izvornog teksta napravio na svom maternjem jeziku, s prevoda svog teksta na francuski. Unamuno je zapisao kako je u ranoj mladosti, čitajući razne pisce, puštao da ga svaki od njih ubedi, verovao da je svaki u pravu: umesto da, veli, poput drugih, iz toga što različiti autori govore različite stvari zaključi da se ništa ne može pouzdano saznati, on je zaključivao da su svi oni u pravu, da su sva gledišta valjana. Kada piše o tome kako je svoj tekst prevodio sa francuskog prevoda Žana Kasua, Unamuno kaže, postoje razlike, ali se one nikoga ne tiču, osim možda nekih budućih istraživača.

Svako gledište je valjano, ali to ne isključuje polemiku: Unamuno je svoj prevod sopstvenog teksta sačinio i kao polemički tekst. Tekst polemike s Kasuom – kako se slagati s nekim za koga oseća da mu je pozvanje da vas razume, da dokuči svaku vašu, i poslednju misao, i da vas potom tumači drugima? Ali i polemike sa samim sobom u različita vremena – dve godine nisu protekle uzalud, i Unamuno koji je živeo u Parizu nije više Unamuno koji živi u Endaji. Političke rasprave da i ne pominjemo.

Bilo kojeg aspekta ovog Unamunovog teksta da se dohvatimo, pomislimo li da smo počeli da odmotavamo klupko, pogrešićemo. Što se više trudimo da kroz analiziranje dođemo do nekog omeđenog tumačenja, to tekst postaje zamršeniji, to se više opire. Ostaje nam samo da se igramo sličnostima i razlikama, kroz beskrajno analiziranje. To jest, da prevodimo dalje.

Knjigu *Kako se pravi roman* počela sam da prevodim 1997. godine. Čitala sam je, i počela da razmišljam o njoj i o tome da je prevedem, bar još šest ili sedam godina ranije. Da li i prevod koji napravimo može da bude deo naše autobiografije, autofikcije, ego-istorije, ili makar dnevnika? Nema sumnje, može da bude. *Kako se pravi roman* za mene je, otkako sam je prvi put pročitala, bila i ostala velika knjiga. Možda najveća koju je Unamuno napisao. Isprva, najjače me je privuklo ono političko u njoj. Počela sam da je prevodim u vreme kada mi je ta politička strana ovog teksta i dalje bila najznačajnija. U tom duhu sam i prevela prvi deo teksta, onaj napisan u Parizu. Verujem da je to i bilo dobro za ovu knjigu, koja zaista ima dva dela, a koje sam ja prevodila s nekoliko godina razmaka, više, mnogo više godina nego što je Unamunu bilo potrebno da je napiše i prevede, i doda komentare. Kada je došlo vreme, tek kada je došlo moje vreme da prevedem drugi deo ove knjige, to sam i učinila. Ton prvog i ton drugog dela Unamunovog teksta u izvornom prevodu-komentaru iz 1925. i 1927. godine kao da su udaljeni decenijama, možda i vekovima. Moje prevođenje je, igrom slučaja, pratilo tu duboko rascepljenu, a ipak jednu i jedinstvenu knjigu, i njenu istoriju. Dva dela prevoda – da li jednog te istog? – svaki iz svoga vremena, prirodno su se uklopili u novo jedinstvo jednog prevoda, mog prevoda na srpski. Uz neznatne ispravke, koje se, kako reče Unamuno, nikoga u stvari i ne tiču. Jer, u dnevniku nema ispravki. Nema ispravki, moguća su samo dopunjavanja. Ono što je zapisano nekada, ostaće zapisano. Živo slovo se nadovezuje kao novi pogled na nešto što je bilo. Zato bih i ja, kada bi me neko pitao, odgovorila poput jednog nemačkog prevodioca, da, naravno, svi moji prevodi jesu autobiografski. Prevodi su prevodiočeva autobiografija. Čak i kada prihvata slučaj – Unamuno bi rekao, naročito tada – kada radi na tuđi predlog, ili radi novca, ili iz čiste muke, prevodilac kroz prevod ispisuje autobiografiju. Onako kako zaslužuje knjiga *Kako se pravi roman.*

Aleksandra Mančić

SADRŽAJ

Migel de Unamuno KAKO SE PRAVI ROMAN • Izdavačko preduzeće
RAD Beograd, Dečanska 12 • Glavni urednik NOVICA TADIĆ • Lektor i
korektor MIROSLAVA STOJKOVIĆ • Za izdavača SIMON SIMONOVIĆ
• Štampa Elvod-print, Lazarevac • Primeraka 500 • ISBN 86-09-00909-2

www.ingramcontent.com/pod-product-compliance
Lightning Source LLC
Chambersburg PA
CBHW070605180626
46817CB00005B/2007